播音员主持人

BOYINYUAN ZHUCHIREN
ZONGHE JINENG SHIXUN JIAOCHENG
——GUANGBO BOYIN ZHUCHI

综合技能实训教程
——广播播音主持

编者／邓咏涛　秦洋洋　杜雨霖

四川科学技术出版社

图书在版编目（CIP）数据

播音员主持人综合技能实训教程：广播播音主持 /
邓咏涛，秦洋洋，杜雨霏编著. -- 成都：四川科学技术
出版社，2021.6
ISBN 978-7-5727-0141-2

Ⅰ. ①播… Ⅱ. ①邓… ②秦… ③杜… Ⅲ. ①广播节
目—播音员—语言艺术—高等职业教育—教材②广播节目
—节目主持人—语言艺术—高等职业教育—教材 Ⅳ.
①G222.2

中国版本图书馆CIP数据核字（2021）第104256号

播音员主持人综合技能实训教程
——广播播音主持

编　著	邓咏涛　秦洋洋　杜雨霏
出 品 人	程佳月
责任编辑	戴　玲
封面设计	墨创文化
责任出版	欧晓春
出版发行	四川科学技术出版社

成都市槐树街2号　邮政编码610031
官方微博：http://e.weibo.com/sckjcbs
官方微信公众号：sckjcbs
传真：028-87734039

成品尺寸	185mm×260mm
印　张	9　字数180千
印　刷	四川煤田地质制图印刷厂
版　次	2021年6月第一版
印　次	2021年6月第一次印刷
定　价	38.00元

ISBN 978-7-5727-0141-2

前 QIANYAN
言

　　播音与主持艺术专业（以下简称"播主专业"）属于典型的新兴专业，从中国传媒大学（原北京广播学院）1963年招收第一批播音专业学生开始，该专业的正式开办到现在也仅有50余年历史。所以，播音与主持艺术作为一个新兴专业不仅在学科理论研究方面相对滞后，与其他学科相比较，播主专业在教材建设方面同样十分薄弱；与此同时，播主专业的发展速度却是异常惊人的——据《2018年中国广播电视年鉴》统计数字显示：截至该年度7月份，在教育部正式备案、开设有"播音与主持艺术"专业的全国高校（含高职高专和独立院校）已经突破200家；而每年毕业的播主专业学生更是达到惊人的27 000人以上！事实上，两个数字每年还在不断增加中。

　　然而，另一方面让我们又不得不面对和正视这样一个似乎"于理不通"的奇怪现象：一方面，在每年近万名的播主专业毕业生中能够实现"专业岗位就业"梦想的不过百分之几；但在另一方面，从中央广播电视总台到地方各级电台、电视台几乎所有广播电视传媒都在为选聘不到满意的播音员、主持人而叫苦不迭。

　　中央电视台2011年度评选出的康辉、白岩松、王小丫、李瑞英、董卿、郎永淳、欧阳夏丹、撒贝宁、陈伟鸿、朱军、张斌等"名播音员主持人"名单中，真正是以播主专业"科班生"身份入选的只有康辉、李瑞英、董卿、郎永淳、欧阳夏丹5人，不到总人数的一半；而此前中央电视台每年一度的"双十佳"播音员、主持人评选上榜名单中，以"科班生"身份入选的也从没有超过总人数的三分之二，曾经榜上有名的崔永元、孙正平、张泉灵、鞠萍、陈苏、李文静、水均益、张越等都是非播主专业毕业的当红"名嘴"。

　　由此，我们不得不思考这样一个问题：传统的播主专业每年培养出的众多毕业生居然绝大多数都"派不上用场",其根本症结何在?

不可否认的是,这与播音员和主持人在培养过程中出现的"货不对板",专业学习教材的陈旧、老化,与当下播主专业人才培养需要相脱节有着密切关系,由此导致了大量的播主专业学生毕业后技能单一、专业功底不扎实,不能适应职场竞争的现状。据此,适时编撰一套针对性强、通俗易懂的专业教材早已势在必行,或在一定意义上已经到了刻不容缓的地步。《播音员主持人综合技能实训教程——广播播音主持》的编写,目的是希望能够为播主专业的学生和有志于从事播音与主持艺术的朋友们提供一本操作性与实用性兼顾的教材;播音与主持艺术是一项实践性极强的工作,所以本教材尤其注重理论联系实际的知识讲授,力求使读者通过学习能够比较全面地掌握播音与主持艺术的相关技能。

《播音员主持人综合技能实训教程——广播播音主持》在编写过程中,一方面尽量把握深入浅出、循序渐进的原则,另一方面尽量摈弃新瓶装旧酒的著书窠臼,书中提出了许多新观点、新主张(多用"新论与提示"字样形式做区分)——正因如此,难免存在谬误乃至错误,加之编者水平有限,恳请读者和各界同仁不吝批评指正。

任何一门学科教材的编撰与更新都离不开对已有成果的引用和借鉴,《播音员主持人综合技能实训教程——广播播音主持》在编写过程中同样参考和吸收了包括网络在内的相关理论学说;而受诸多客观条件限制,书中无法一一注明出处,如有遗漏,敬请原作者包涵见谅,并请与作者取得联系,以便在重版时进行修订和寄奉稿酬。

《播音员主持人综合技能实训教程——广播播音主持》可作为本科段播音与主持艺术专业教材使用,亦可作为研究生阶段的参考教材和辅助用书。

《播音员主持人综合技能实训教程——广播播音主持》由绵阳师范学院传媒学院播音与主持艺术教研室编纂完成。

各章节编撰者为:广播新闻播音部分邓咏涛、王东林(特邀),广播节目主持部分邓咏涛、秦洋洋、杜雨霏(特邀)。

目录 MULU

第一章

广播新闻播音

第一节　广播新闻播音释义

我们先来了解一下什么是广播播音。

有人从广义和狭义两个方面给出了这样的定义：广义的广播播音是指电台传媒所进行的一切有关声音语言和副语言传播信息的活动。

狭义的广播播音是指播音员运用有声语言和副语言，通过广播传媒进行传播信息的创作性活动。

毫无疑问，广播新闻播音包含于广播播音——当然，也可以这样说，在广播播音中，广播新闻播音占有非常重要的位置。

而谈到广播新闻播音，我们必须先要了解一下广播新闻。

那么，什么是广播新闻呢？广义上讲，广播新闻是指以广播为传播手段对新近发生的或正在发生的新闻事实的报道，泛指所有的新闻性广播内容和报道形式，包括新闻消息、新闻专稿、新闻评论等。

这其中，从受众角度来说，人们又习惯将广播中播发的消息类新闻（信息）理解为"广播新闻"。

为什么广播受众会把"广播新闻"等同于"消息报道"来看呢？这是因为人们从广播中接收到的大量新闻信息，主要都是以"新闻消息"这种样式对外呈现和进行传播的；从另一个方面也说明：学好广播新闻播音一项最重要的内容就是要掌握消息播音的基本功，这也是一名新闻播音员必备的基本功。

新论与提示：

广播新闻播音亦可理解为一般意义上的普通话有声语言新闻播音，广播新闻播音是普通话有声语言新闻播音领域最为常见的一种播音样式，它与其他广播播音样式相比，具有语音规范、起伏较小、多连少停和新鲜感强、节奏明快、情感冷峻等主要特点。当然，这里的"情感冷峻"只是个相对的概念，实际上的新闻播音不但不能真的"冷峻"，而且必须在把握积极的受众期待心态和理解稿件要旨的前提下酝酿出真切的情感，在表达过程中恰切地显示情感，只是做到"不渲染"情感而已，而非故意做到"情感冷峻"，故意显示"旁观者"身份。

外行人往往把新闻播音简单概括为"快""平""淡"，主张备稿只要做到不读错音、多念几遍就行了，这是非常片面的，是我们应该坚决摈弃的。

我们必须认识到，广播新闻播音是播音员必须切实掌握并自如驾驭的一项基本业务技能，是科班播音员的看家本领。这种本领不是仅靠看书看来的，仅靠听课听来的，是要通过经常关心政治、关注社会、多听新闻、多练新闻、多去实践才能获得的。

第二节　播音中的备稿

一、播音备稿释义

（一）传统教学中有关备稿的概念与解释

备稿是指播音员在播音之前对所要播出的稿件所做的熟悉、了解、试播等一系列相关准备工作，即创作依据的准备，是每一次具体的播音创作过程中的第一个环节，是播音创作活动的开始。备稿所要达到的最终效果是为实现理想的播出而服务的。对此，张颂教授曾有过这样的精练概括：经过备稿，播音员应该尽可能达到"有稿播音，锦上添花；无稿播音，出口成章"的播出效果。

传统的教材将备稿的含义归纳为这样一些基本内容：

1. 播音不是个人的随意活动

播音是播音员在话筒前的有声语言的创作活动，但绝不是个人的随意的言语运动。播音员必须忠实、准确地反映稿件的精神实质，鲜明、生动地传达稿件的思想感情，才能圆满完成播音任务，才能实现稿件的播出目的。

稿件是作者对于生活的认识和提炼，是作者的"一度创作"。播音作品是播音员基于对生活的理解，把稿件的文字符号转化为直接可感的声音符号的"二度创作"。试想，如果对创作客体——稿件，没有深刻的了解和把握，这播音创作又从何谈起呢?倘若播音员与稿件之间处于一种生疏或隔膜的状态，是很难产生好的播音作品的。

2. 从文字到有声语言的转换不是简单的对应过程

文稿播音的创造性集中地体现在将文字稿件转化为有声语言的符号转换过程中。稿件的文字语言，和由此转化而来的播音有声语言，是稿件内容的两种不同存在形式，各有不同的物质形态，前者诉诸播音员的视觉，后者诉诸听众的听觉。但是，这二者之间并不仅仅是文字和语音的简单对应。

我们知道，稿件是作者对客观世界的认识的反应，是作者思维活动的成果。播音员要将这一思维成果转化为清晰、准确、生动感人的有声语言，必须深入到稿件中去，并透过稿件认识其反应的现实生活，把握作者（记者）的思维过程，领悟、体味作者（记者）的认识成果，还原作者（记者）对新闻事实的综合认知感受为自我的再度认知感受。

如果播音员主持人只做"字形—语音"这样一种语言表层结构的转换，是远远不够的，是不能使语音变成稿件作者和播音员的双重"心理印迹"的，也就不能渗进播音员的创造力，更谈不上产生好的播音作品。

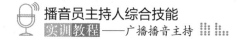

3. 稿件内容纷繁、形式多样

播音员接触到的稿件内容纷繁，形式多样，所涉及内容的深浅、雅俗幅度很大，风格各异。这众多而丰富的内容，不可能都为播音员所熟知，只有在备稿上狠下功夫才能理解其实质，把握其精髓，才能在播音表达过程中应付自如、保证准确无误，才能清晰从容地传达稿件精神，实现最终的"为受众服务"，也正符合经典中国播音学所讲的"理解稿件—具体感受—形之于声—及于受众"。

（二）广义的备稿

广义的备稿是播音创作的基础，是播音员掌握稿件、表达稿件的思想文化基础及语言基本功的锤炼，实质上反映了播音员的修养。广播电视节目内容丰富，形式多样，风格各异，其中新闻性节目时效性极强，具体准备稿件的时间往往十分紧迫，这就要求播音员平时要注意知识、技能、阅历等各方面的学习和积累，不断提高思想政治觉悟和理论水平，具备较高的艺术修养和娴熟的语言表达技巧。只有这样，才能为播音再创作提供坚实的基础。

（三）狭义的备稿

狭义的备稿是指播音员为完成一组或一次具体稿件的播音工作所进行的准备过程，包括具体的准备方法和步骤。理论界把狭义的备稿概括为六个步骤，简称"备稿六步"：

第一，划分层次。所谓层次，是指稿件的布局、结构。拿到一篇稿件后，首先要对稿件的句、段进行整理，即从播音的角度对稿件中的自然段进行归并和划分。

第二，概括主题。主题是指主要事实中包含的思想意义，也称"稿件的中心思想"。概括主题既要揭示出深刻的思想含义，又要有利于调动播讲者的思想感情。

第三，联系背景。背景，主要是指稿件的播出背景。播出背景包括上情和下情两方面内容。上情是指和稿件有关的党和政府的路线、方针、政策等。下情是指国际、国内各方面的现实情况及其变化。下情里还有"主流"和"支流"。分析背景是为了更好地把握稿件中的政策精神和播音的针对性。

第四，明确目的。知道了稿件是针对什么而发的之后，还要进一步明确通过播出达到什么宣传目的。播讲目的和稿件主题不同，稿件的主题具有稳定性和相对的不变性，但播讲目的在不同时期有不同的侧重和表现，所以，必须结合现实情况去分析目的。

第五，分清主次。首先要找出重点。找出重点是为了在播讲中有主有次。重点一般是指直接表现主题、体现目的、抒发感情、感染听众的地方。稿件内容的次要部分是指那些起说明、铺垫作用的词语和句段。次要部分是为重点部分的表达服务的。

第六，确定基调。基调，是指稿件总的思想感情色彩和分量、播音时总的态度倾向。它体现的是播讲者对稿件认识、感受的整体结果。可以说，一篇稿件播得是否成功，基调提供着最直观、最易感觉到的判断依据。实质上，基调要求播音的表达与理解感受统一，要求声音形式与稿件的体裁风格统一。

二、备稿应注意的问题

（一）高度重视，认真备稿

要克服对备稿不重视，凭经验"应付"播音的不良倾向，积极认真地进行创作依据的准备。

（二）备稿应准确迅速

播音员在备稿过程中必须具有高质量和高效率相统一的意识，从语言表达上，要求准确无误；从效率上说，要求备稿迅速熟练。

（三）备稿不能机械死板

那种拿到稿件，不假思索张口就念，或者不深入思考，只是简单机械地一遍遍反复读的备稿方法，往往是事倍功半的。因为只有消化稿件，把握稿件的精神实质，在稿件的播出目的、针对性和思想感情上下到了功夫，才能播好这篇稿件。

（四）处理好备稿

处理好备稿"质"与"量"的关系，一般来说，在普遍准备的基础上要抓住重点，坚持养成分析稿件的习惯，久而久之，快速驾驭稿件的能力就会不断地提高。

三、备稿"三步曲"

从新闻播音实践角度而言,以往一些繁琐的备稿理论是脱离实际和缺乏实用意义的。

试想,一名专业播音员每天要播报大量的新闻稿件,而新闻的时效性更是在客观上限定了播音的备稿时间,所以播音员的实际备稿时间往往十分有限。那么,播音员应该怎样把有限的时间用在刀刃上实现"有效备稿"呢?做好以下三个方面的备稿工作特别重要:"生僻字确音、书面语体的修改和画线断句"。

(一)第一步:生僻字确音

> **新论与提示:**
>
> 广播新闻播音具有传播范围广、速度快等特点,播音员在进行新闻播报时应该尽量避免出现错读、误读的现象发生,一旦发生这种现象,轻则贻笑大方,重则会造成负面影响甚至引发播出事故。

某电台一名女播音员在播出一条新闻消息时,曾将"水獭(tǎ)"误播成了"水赖(lài)",于是这名女播音员在很长一段时间被听众揶揄为"水赖小姐";湖南省有个耒(lěi)阳县,这个县的一条新闻消息在一个重要新闻栏目中播出时,播音员居然将耒阳县误播成了"来阳县";浙江省的乐(yuè)清市,更是被许多人误读成"乐(lè)"清市;有一名新闻主播,在播报一段名为《我国圈养大熊猫依然难脱生存隐患》的新闻时,居然四度把"圈(juàn)"养念成了"圈(quān)"养……这方面的例子太多了。

对于上述列举的新闻稿件播音错误,如果播音员在播出之前的备稿阶段,对于稿件中的生僻字认真查证和落实是完全可以避免的。

作为一名新闻播音员要想避免错读、误读现象的发生,就必须养成勤查字典或词典的习惯:每当拿到一篇待播的新闻稿件的时候,如果发现稿件中的字词存在模棱两可、似是而非的读音,千万不可想当然地见字发声,应该严谨慎重地找来字典或词典进行认真查阅。

我国汉字有三四万个，常用汉字约有五千个，做播音工作需要掌握的汉字数目要更多一些。这方面，中央人民广播电台老一辈著名播音员夏青给我们树立了一个光辉典范。夏青在几十年的播音生涯中几乎没有出现过错读、误读现象，其丰厚的知识素养甚至赢得了"字音政府"的美誉！也就是说，夏青对汉字的了解掌握已经达到了非常广博的程度，这无疑与他对播音艺术的挚爱和长期的潜心钻研、用心积累分不开，更与他善于在备稿阶段养成的勤查字典、词典有关系，他在平时总会把《新华字典》和《现代汉语词典》这两本常用工具书装在口袋里，"经常向这两本无声的老师讨教"是夏青多年的一个习惯。因此大家公认"夏青同志是播音队伍中熟悉和掌握汉字最多的一个人，他不仅熟悉其字形、字音、字义，而且了解其出处、古今演变过程及其轶事趣闻。每当其他同志有疑难字请教他时，他会很快告诉你读什么音，当什么讲，而且还要翻开工具书或其他资料，来印证他的回答是否正确"。

对此，我国第一位电视新闻播音员赵忠祥对夏青有过这样的记述：他是我接触过的同业中文字功底最扎实的一位学者型播音员。一直到他卧床休养前，每逢我在播稿时，遇到字典查不到的生僻字，或对字义有疑问时，都会打电话向他请教。他会耐心地、客客气气地告诉我某字如何读，怎么讲。"匹夫而为百代师，一言以为天下法"，他是活字典。

可见，新闻播音备稿阶段，播音员自觉养成对生僻字正确读音的查证习惯是何等的重要。

（二）第二步："书面语体"的修改

新论与提示：

从便于收听与播出两个角度衡量，一般新闻稿件具有典型的"口语化"特征。但在实际工作中，每天电台播出的消息类新闻稿件，有很多是来自于网络或报刊等平面媒体，这些新闻稿件在行文习惯上往往存在"书面语体"（或曰"书卷语"）现象，我们在播音备稿时有一个需要向"广播语体"转化、修改的过程。

因此，当播音员拿到一篇需要播出的新闻稿件以后，首先应该通读一下稿件，看看稿件的写作是否符合"广播语体"的要求。

"广播语体"与"书面语体"最本质的区别在于,"广播语体"稿件适合口语(播音)传播;而"书面语体"中的一些文言性质的字(如:该、其、此等)、词(如:据悉、亦然、届时等)更适合于阅读而不太适合口语(播音)传播。

由此,播音员在备稿时便涉及将"书面语体"稿件向"广播语体"稿件修改、转化的过程,这一点,是作为一名播音员应该具备的"广播语体"播出意识和基本的新闻素养。

例稿1

(修改前的书面语体稿件)本报讯:12日下午17时,我校传媒学院、人事处、科研处等有关部门领导和10余位播主专业的老师同学,在多媒体教室听取了李伟老师一节专业课。

据悉,该同志在业界工作逾20年。课毕,李伟与同学们进行了互动交流。

(修改后的广播语体稿件)本台消息:12号下午5点,我校传媒学院、人事处、科研处等有关部门领导和10多名播音与主持艺术专业的同学,在多媒体教室听取了传媒学院李伟老师的一节播音与主持艺术专业课。

据了解,李老师已有20多年的专业工作经验。讲课结束后,李伟老师与同学们进行了互动交流。

例稿2

(修改前的书面语体稿件)中新网驻马店8月7日电(贾真真 白林燚) 8月7日,记者从河南省驻马店市消防部门获悉,6日该市新蔡县发生的一起祖孙二人坠井事故,爷爷为救孙子倒挂金钩抓住孩子双臂坚持了一夜,临死也没放开手,最终孩子获救,爷爷却不幸遇难。

8月6日上午,驻马店市新蔡县消防大队官兵获悉新蔡县关津乡沈庄村委段庄有群众落井,急需救援。

救援官兵到达现场后发现,一老一少被卡在废弃水井与四周塌方形成的狭小夹缝里,老人一丝不动,已经停止了呼吸,但仍紧握孩子双臂,孩子在不停哭泣。

经过进一步了解,这一老一少为该村段书友、段浩然祖孙二人。5日下午,二人相继跌入了废弃水井与四周塌方形成的狭小夹缝里。先坠落夹缝的段浩然仅一岁半，爷爷段书友为救孙子也被卡到夹缝，倒挂金钩双手紧抓孩子双臂。直至6日上午，才有过往路人发现并报警。

消防官兵侦察发现，孩子被困位置距离地面大约4米深，宽度仅10多厘米。为确保万无一失，消防官兵不敢挪动老人，仍由其抓住孩子手臂。同时，消防官兵利用绳索下放，希望套住孩子的手臂，上拉将其救出，但是由于段浩然年龄较小，井壁外空间狭小，大臂无法上抬，不能奏效。

最终，救援人员利用挖掘机在井和塌方夹缝一侧的空地，距离被困人员1米处向下挖出5米深的大坑，再横向用铁锨铁锹小心凿洞。

为防止小浩然向下滑落，消防战士找安全绳绑到他的手臂上，让地上的人拉住绳子。11时45分，井壁被凿出一个直径约40厘米的洞口……11时55分，段浩然被从井内抱出。经现场医护人员检查，段浩然生命体征平稳，很快被救护车送往县人民医院，而他的爷爷由于停止呼吸太久，医院认定其已经不幸遇难。

6日下午，新蔡县人民医院的工作人员表示，段浩然各项生命体征稳定，目前正在接受进一步治疗。

（修改后的广播语体稿件）中新网消息，记者贾真真、白林燚报道：8月7号，记者从河南省驻马店市消防部门了解到，6号驻马店市新蔡县发生的一起祖孙二人坠井事故，爷爷为救孙子倒挂金钩抓住孩子双臂坚持了一夜，临死也没有放开手，最终孩子获救，爷爷却不幸遇难。

8月6号上午，驻马店市新蔡县消防大队官兵了解到新蔡县关津乡沈庄村委段庄有群众落井，急需救援。

救援官兵到达现场后发现，一老一少被卡在废弃水井与四周塌方形成的狭小夹缝里，老人一丝不动，已经停止了呼吸，但仍紧握孩子双臂，孩子在不停哭泣。

经过进一步了解，这一老一少为关津乡沈庄村段书友、段浩然祖孙二人。5号下午，二人相继跌入了废弃水井与四周塌方形成的狭小夹缝里。先坠落夹缝的段浩然仅一岁半，爷爷段书友为救孙子也被卡到夹缝，倒挂金钩双手紧抓孩子双臂。直至6号上午，才有过往路人发现并报警。

消防官兵侦察发现，孩子被困位置距离地面大约4米深，宽度约10厘米。为确保万无一失，消防官兵不敢挪动老人，仍由其抓住孩子手臂。同时，消防官兵利用绳索下放，希望套住孩子的手臂，上拉将其救出，但是由于段浩然年龄较小，井壁外空间狭小，大臂无法上抬，不能奏效。

最终，救援人员利用挖掘机在井和塌方夹缝一侧的空地，距离被困人员1米处向下挖出5米深的大坑，再横向用铁锨铁锹小心凿洞。

为防止小浩然向下滑落，消防战士找安全绳绑到他的手臂上，让地上的人拉住绳子。11点45分，井壁被凿出一个直径约40厘米的洞口……11点55分，段浩然被从井内抱出。经现场医护人员检查，段浩然生命体征平稳，很快被救护车送往县人民医院，而他的爷爷由于停止呼吸太久，医院认定其已经不幸遇难。

6号下午，新蔡县人民医院的工作人员表示，段浩然各项生命体征稳定，目前正在接受进一步治疗。

新论与提示：

新闻播音时，将稿件中典型的"书面语体"改写成"广播语体"，其必要性是不言而喻的。很多听众在听广播新闻的时候，都有过这样的感受：对某段文字内容听不懂或听不明白甚至产生歧义，一个重要原因就是稿件中的"书面语体"在作怪——曾经有一条广播评论的题目叫作《"王霸"何其多》，稿件对一些商家喜欢将自己的商品称王称霸现象做出评论。

我们试想一下，如果将这条稿件的评论题目原文播出，听众肯定会产生歧义！而只要将题目中"王霸"这一简化的"书面语体"改写成"广播语体"《称王称霸者何其多》，听众在收听时就不会产生误解了。

当下广播新闻中这种"文白不分""文白混用"的现象十分常见，这固然与某些编辑记者业务素养不高有关，但是播音员作为新闻消息对外播出的最后一道把关者，如果具备对"书面语体"稿件转化为"广播语体"稿件的本能意识和修改技能，那么，对广播新闻的播出质量提高无疑会起到极大的促进作用。

一般来说，来源于网络或报章杂志的新闻消息多存在"书面语体"，播音员接触到这类稿件时，应该将稿件中典型的"书面语体"改写成"广播语体"，使其通俗易懂，让听众听得明白而不至于产生歧义。

同时，还应注意的是，播音员在对某些"书面语体"新闻稿件进行修改时，应该尽量与相关编辑、记者进行必要的沟通、协商，以示尊重。

需要特别指出的是，在实际工作中，凡涉及政府政令、通知、公告，以及讣告、悼词等公文语体内容的新闻稿件，为了体现这类文稿的庄重严肃与权威性，播音员必须严格按照原文原句播出，不允许对稿件有任何字句改动。

例稿3（公文语体）

国务院公告：为表达全国各族人民对四川汶川大地震遇难同胞的深切哀悼，国务院决定，2008年5月19日至21日为全国哀悼日。在此期间，全国和各驻外机构下半旗志哀，停止公共娱乐活动，外交部和我国驻外使领馆设立吊唁簿。5月19日14时28分起，全国人民默哀3分钟，届时汽车、火车、舰船鸣笛，防空警报鸣响。

新论与提示：

文中的"19日至21日""19日14时"都属于书面语体，若在普通新闻稿件中可把它们分别改写为"19号到21号""19号14点"，更加符合广播语体的播出特点，但在播出本公告时不可进行改动。

例稿4（公文语体）

邓小平同志治丧委员会公告（第2号）

鉴于邓小平同志在党和国家历史发展中的特殊功绩，以及全党全军全国各族人民的共同愿望，现决定：

（一）2月25日，中共中央、全国人大常委会、国务院、全国政协、中央军委在北京人民大会堂隆重举行邓小平同志追悼大会，邓小平同志治丧委员会委员（京外委员派代表），中央党政军群机关各部门和首都各界代表，生前友好，家乡代表，共一万人参加。

在首都举行的邓小平同志追悼大会，是全党全军全国各族人民悼念邓小平同志的活动，中央人民广播电台、中国国际广播电台、中央电视台届时将现场转播追悼大会实况，各级党组织要认真组织广大干部群众收听和收看追悼大会的实况转播。

（二）2月25日，全国党政军机关，各边境口岸、海、空港口，企业、事业、学校等单位，我驻外使领馆、新华社香港分社、新华社澳门分社下半旗志哀。

（三）在追悼大会举行时，上午十时整，一切有汽笛的地方，如火车、轮船、军舰、工厂等，鸣笛三分钟志哀。

（四）根据邓小平同志的嘱托和亲属的意见，不举行遗体告别仪式。

特此公告。

邓小平同志治丧委员会

1997年2月20日

> **新论与提示：**
>
> 文中的"上午十时整"属于书面语体，若在普通新闻稿件中可改写为"上午十点整"，更加符合广播语体的播出特点，但在播出本公告时不可进行改动。

（三）第三步：画线断句

> **新论与提示：**
>
> 播音员播出的稿件，内容包罗万象，播音员难免会遇到一些自己不熟悉的专业句式或者比较特殊的复杂句式，在这种情况下，播音员就要在备稿期间对句子进行反复推敲，或者对句子进行"画线"，否则就会发生因断句不当而造成语误。
>
> 画线断句曾经是播音员备稿时的一个必备环节，也是我国几代新闻播音员传承下来的一个良好习惯。
>
> 所谓画线断句是指播音员在备稿的时候，对于稿件中每一句话的内在语气停顿，用下画线的形式做出标注，继而达到消息播出的表意正确和断句无误与连贯流畅之目的。

关于新闻稿件画线断句的重要性，我们看一下著名播音员赵忠祥的一段文章阐释。

"我是职业播音员，只要我手捧文章，无论是播音还是默读，我都会为每一行文字断句。刚开始播音时，每篇稿子都画满了一节节的横线，断句、停顿、逻辑重音、专有名称、容易出错的地方，都做下记号。我一开始工作就知道专业播音员备稿时都必须画稿子，除非时间来不及——因为急稿经常会在播音进行时塞入播音员手中。"

画线在技术上是直播的保险绳、救生圈和险路的护栏。如果句子当断不断，不当断而断，不仅在表情达意上会影响语言传达，削弱情感色彩，同时也会出差错，出笑话，成笑料。

我们业内流传着这样的笑话："外交部部长姬鹏，飞到机场迎接。"外交部原部长姬鹏飞，起码在那一代新闻播音员中无人不知，之所以出错实属断句错误，当然也是紧张所致。但备稿时画了记号就基本保证绝不会出现这样的笑话。还有，非洲的莫桑比克原来称为莫桑比给。有这样一个笑话："莫桑比给、几内亚、葡萄牙"，一串国名，念对了，什么彩也没有，几个国名而已，但要是这么断句，就乐子大了："莫桑比｜给几内亚葡萄……"女声一旁提醒"葡萄牙"，"啊，还有牙"。这个例子极可能是杜撰出来的，但很有"示范性"。

如果画上记号："莫桑比给、几内亚、葡萄牙"，在直线内的词组无论如何也不能断开，这就是画稿子。

凡是新闻播音很棒的人，都会仔细画稿子，播得越规整，画得越细致，断、连、重、轻，一丝不苟。对异读字、生僻字一定要查字典，标好读音，这几乎就是"金科玉律"。专业播音员拿过一份同行画好的稿子（换班或重播），如果来不及按自己习惯略修一下，就这么照画好的念也绝不会有错。

> 原中央电视台播音员赵忠祥曾回忆到："在1960年2月我在中央人民广播电台播音部实习两个月左右，每一位当班播音员备稿时，我都默默看过他怎么画稿子，每个人的特点我都记住了。也许因为是我老师的缘故，我认为夏青画得最好，也是播得最棒的新闻播音员。学习是渐进过程，老师领进门，修行在个人，越修行就越应该懂别人的长处，过了几年我才越发领略到夏青播音的功夫和吐字断句的精致。
>
> 　虽说夏青带过我，但播音部指定的老师是费寄平，那是一位和善的老大姐。她当年外派到莫斯科担任对华广播播音员。夏青刚到电台时就是她带着训练的。费寄平告诉我，她当年是掐着秒表教夏青断句、停顿。难怪夏青在标点符号的停

顿上犹如机器般（现可称电脑般）准确，顿号1秒，逗号2秒，句号3秒，我每次听他播音都暗中赞叹不已。直播首要是准确性，其次是连贯性。我们叫准确、鲜明、生动，功力中很重要的是断句。要说明一点，标点符号的处理仅是断句的一部分，并不是断句的全部，断句是保证稿件口语表达准确的重要措施。但夏青那样处理的我从不敢尝试。偶尔必要时，个别地方我可以比他断的时间还长，但新闻专稿这么断也仅他一人。如果没有他那样的功力，只模仿他断句，会把一篇稿子播成一盘散沙，支离破碎，但夏青这么断却会让人感到完整、完美。

他告诉我："古人文章原稿，今人是无福亲睹了，古本书籍早先是囫囵一篇。夏青当年教我画稿，断句，目的是为了更好地领会原意，把这一本天衣无缝的文章分成句子，有停有顿这是一门学问，称句读学，这是大学问家对古文的断句。播音员和朗诵者对古典文学或现代文学的文章、诗词进行口头创作时，也都会按自己的理解表述。备稿中的一道重要工序是画稿子，画稿子中重要的一环是断句，断句不仅标明停顿之处，其实也标出决不能断的部分。"

新论与提示：

播音员在备稿期间对新闻稿件进行必要的画线断句是很重要的。播音员在播出状态只有断句准确，才能避免出现断句错误、产生歧义的现象发生，而要做到这一点，备稿阶段的准确画线（特别是对复杂句式的提前画线）就必不可少。

播音员在实际备稿工作中，一般情况下可分为详细画线断句和选择性画线断句（又称局部画线断句）。

详细画线断句又称为初级阶段详细画线断句，画线断句具体到每一个字节，具有覆盖全文的特点——播音员如果是刚刚入职不久，比较适用于这种方法。

例稿5

（详细画线断句）本台 消息：外交部 发言人 洪磊 15号 就 日本 部分 内阁 成员 参拜了 靖国 神社 一事 表示，日本 内阁 成员 参拜 供奉有 二战 甲级 战犯的 靖国 神社，是对 历史 正义 和 人类 良知的 公然 挑战，严重 伤害 中国 等 亚洲

<u>受害国</u> <u>人民</u> <u>感情</u>。<u>中国</u> <u>外交部</u> <u>刘振民</u> <u>副部长</u> <u>今天</u> <u>上午</u> <u>已</u> <u>紧急</u> <u>召见</u> <u>日本</u> <u>驻</u> <u>华</u> <u>大使</u> <u>木寺昌人</u>，<u>向</u> <u>日方</u> <u>提出</u> <u>严正</u> <u>交涉</u>，表示 <u>强烈</u> <u>抗议</u> <u>和</u> <u>严厉</u> <u>遣责</u>。

　　与详细画线断句相对，选择性画线断句（局部画线断句）则是播音员在积累了一定工作经验，具有较好的驾驭稿件能力基础上可采用的一种画线断句方法。局部画线断句的特点是播音员在备稿时只选择稿件中的长句、复句或较为复杂的句式对它们进行画线断句。

　　例稿6

　　（选择性画线断句）新华社消息：8月15号晚间，在江宁体育中心进行的2013年<u>南京亚青会</u> <u>男足小组赛</u> <u>第二轮比赛</u>，U14 中国国少 0-1 不敌东帝汶 U14，小组出线形势岌岌可危。目前，中国与东帝汶的前两轮成绩，均为1胜1负积3分。东帝汶目前世界排名第183，位列全亚洲倒数第五。在此前的小组首轮比赛中，东帝汶U14队2-3不敌泰国。

> **新论与提示：**
> 　　在这条消息中，只有画线断句的这一句相对而言较为拗口，因此对于一名成熟的播音员来说，通常情况下在备稿时对它做选择性画线断句处理就可以了。

思考与练习

　　1. 什么是广播新闻播音？它有哪些主要特点？

　　2. 列举出你认为在新闻播音中容易错读、误读的字词。

　　3. 列举出你在广播新闻中听到的非广播语体字词。

　　4. 你认为在背稿的时候还要注意哪些问题？

　　5. 为什么说在播出公文语体内容的新闻稿件时不能对其中的书卷语体进行改动？

　　6. 试练习播报下面这一组新闻稿件，并完成：

　　（1）将其中的非广播语体字词改写为广播语体字词；

　　（2）找出其中你认为较复杂的句段进行画线断句。

　　新华社华盛顿1月16日电：美国总统特朗普16日在白宫第一次会见新任联合国秘书长古特雷斯时说，美国将与联合国合作，解决包括伊拉克问题在内的世界各地的热点问题。特朗普在与古特雷斯见面后向记者提出，中东地区局势，特别是伊拉克的局势正在受到国际社会的密切关注。国际社会应该向伊拉克政府和人民提供一切力所能及的帮助，使伊拉克恢复和平与稳定。此外记者还了解到，古特雷斯对联合国在解决黎巴嫩、索马里等国际热点问题和朝核问题时表示，需要美国等所有国家的支持和努力。他还表示要在联合国各成员国的帮助下推动联合国机构改革，使之增强解决国际问题的能力和效率。

第三节　新闻播音的语流与音变

一、语流音变释义

传统教学中有关语流音变的概念与解释：语流音变是汉语言（普通话）教学中一个非常重要的概念，所谓音变就是语音的变化。人们在说话时，不是孤立地发出一个个音节（字），而是把音节组成一连串自然的"语流"。

普通话的音变包括：变调、轻声、儿化和语气词"啊"的变化等。

二、变调释义

在传统教学中有关变调的概念与解释：变调是指在语流中由于相邻音节的相互影响，使某个音节本来的声调发生变化。本来，变调规律和其他语言发声和表达的要求一样，并非人为的规定，它是有声语言在社会交际中所形成的习惯，是一种被普遍认同的规律性，是语言学家根据这种规律性做的总结。这种总结具有了完备性和系统性，也就有了权威性，这就形成了现代汉语的应用语言学。

按照应用语言学的要求，变调包括：上声的变调、"一"的变调、"不"的变调。

1. 上声变调

上声在四个声调前都会产生变调，读原调的概率很小，只有在读单音节字或处在词语末尾或句末时才有可能读原调。

上声有两种变调：

A. 上+非上：这里的上声变半上（21）

变调实例

上阴：百般　火车　警钟

上阳：祖国　旅行　导游

上去：讨论　土地　感谢

上轻：斧子　马虎　伙计

B.上上相连，即上+上：这里的前一个上声变成阳平调（35）

变调实例

鱼水——雨水　埋马——买马　涂改——土改　白米——百米

C.三上相连，即上+上+上：

当词语结构是"双单格"时，前两个音节变阳平。这里变调后的阳平，有的书上说只是"近似"阳平，调值并非35，而是34。实际上，34调值与35调值很难区别，其理论上虽有道理，但对我们运用语言的播音员来说实际意义不大。

变调实例

展览馆　选举法　洗脸水　打靶场　管理组　手写体

当词语结构是"单双格"时，开头音节处在被强调的逻辑重音——读半上调值（211），中间音节变阳平（35）。

变调实例

党小组　冷处理　小两口　纸老虎　小拇指　老保守

讨论：

"小组长"是何种格式？如何读？若一个句子都是上声音节，应怎么读？

例如：

1.请你把美好理想给领导讲讲。

2.请你给我打点洗脸水。

3.请你给我买几把小雨伞。

4.我很了解你。

5.展览馆里有好几百种展览品。

提示：上声变调的一般规律如上所述，但在具体的语言表达的语流中需要根据句子的结构特点以及重音、轻声、归堆、抱团的语意表达要求来把握。语言的最大特点是社会性和习惯性，符合"从众从俗"是根本要求，对语言的实际驾驭意义远远大于其理论要求的意义，变调亦如此。

2. "一"的变调

"一"单念或作序数词时读原调（阴平调）。

此外还有两种变调。

A. 在去声音节前变阳平调（35）一个、一定、一律

B. 在非去声音节前变去声（51）一边、一群、一起

① "一"字不变调的：一年级、高一（1）班、1月1日、2001年、同一律、说一不二、从一而终、一是一二是二、一不怕苦二不怕死等。

"一"在一个词的词尾时，读音不变，仍读原调，如"专一、同一、统一、整齐划一"。即便在这个词的后面出现了其他声调的字，"一"的读音也不变，如"统一思想、统一认识"，"一"并不因后面出现了"思"就变读为去声，也不因后面出现了"认"就变读为阳平，这是因为"一"是"统一"的词尾，与后面字的关系是松散的。典型的例子还有一个："十一斤"的"一"是"十一"的词尾，不能变调，如果认为"一"字后面有个阴平的"斤"，就盲目变调，就会使人误听为"十亿斤"！

这样的情况再举例如下，即便"一"后面有其他字，也不变调：五一（黄金周）、六一（儿童节）、七一（是党的生日）、八一（军旗）、十一（国庆）、万一（有什么事）、逐一（检查）、单一（花色）、第一（个）、单打一、星期一、九九归一、合二而一、始终如一、不一而足。

② "一"字变调的：

一时、一代、一律、一贯、一件、一间、一股脑儿、一分为二、一箭双雕、一见钟情、一路顺风、一帆风顺、一步登天、一丝不苟、一衣带水、一鼓作气、一技之长、一事无成、一环扣一环、一物降一物、一码是一码、一来二去……

③ 数字里的"一"的读法：

在"百、千、万、亿、兆"前，"一"字要变调，如"一百、一千、一万、一亿、一兆"。但是有个十分重要的提醒，那就是在长数字中，只有位于开头的"一"才变

调，位于中间和末尾的"一"并不变调，例如"一万一千一百一拾一"，只有"万"前面的"一"需变读为阳平，其余的"一"并不变调。又如，尽管"一车、一年、一种、一个"的"一"要变调，但在"十一车、二十一年、三十一种、四十一个"里，"一"是数字词尾，所以也无须变调。

"一"夹在两个动词之间的三音节词语中读轻声，如"看一看、走一走、试一试"。

3."不"的变调

"不"只有在去声音节前变阳平调（35），如"不必、不要"等；在其他声调音节前读原调（51），如"不听""不行、不许"等。

"不"在三音节词语中间多数读轻声，如"想不想、行不行、是不是、好不好、对不起"等。

三、"啊"的音变

在传统教学中有关"啊"的音变：当语气助词"啊"处在语句末尾时，由于受到前面那个音节末尾音素的影响，常常会发生音变。

1.读"ya"时的音变的条件

"啊"前面的音素是 i ü a o（ao iao 除外）e ê 时，读 ya。

例：A. 你到哪去啊？

B. 原来是他啊！

C. 这可是他毕生的心血啊！

D. 这个小孩儿真可爱啊！

2.读"wa"时的音变的条件

"啊"前面的音素是 u（包括 ao iao）时，读 wa。

例：A. 您在哪住啊？

B. 真可笑啊。

C. 这棵树真高啊！

3.读"na"时的音变的条件

"啊"前面的音素是 n（前鼻音的韵尾）时，读 na。

例：A. 好大的烟啊！

　　B. 什么人啊！

　　C. 这事情办得真冤啊！

4. 读 "nga" 时的音变的条件

"啊"前面的音素是ng（后鼻音的韵尾）时，读nga。

例：A. 这有什么用啊！

　　B. 真漂亮啊！

　　C. 这木头真硬啊！

5. 读 "ra" 时的音变的条件

"啊"前面的音素是-i（含舌尖后音的zhi、chi、shi、ri）时，读ra。

例：A. 这是一首多好听的诗啊！

　　B. 你到是快点吃啊！

　　C. 多绿的树枝啊！

6. 读 "za" 音的条件

"啊"前面的音素是-i（含舌尖前音的zi、ci、si、ri）时，读 [za]（此处为国际音标）。

例：A. 你来过几次啊？

　　B. 多帅的字啊！

　　C. 不要自私啊！

新论与提示：

在实际新闻播报时，怎样才能灵活自如进行"啊"的音变呢？这里有个较为简便的技巧可供大家借鉴。

在稿件中遇有助词"啊"字的时候，将"啊"前面的汉字音节末尾音素与"a"相拼，拼出的读音即为"啊"字在音变时的读音。

如果"啊"字前面的汉字音节末尾音素是i、ü、a、o、e、ê时，须将这6个音素置换成"y"，发"ya"音；如果"啊"字前面的汉字音节末尾音素是ao和iao时，须将它们置换成"w"，发"wa"音；如果"啊"字前面的汉字音节末尾音素是后鼻音的韵尾ng时，发"nga"音；如果"啊"字前面的汉字音节末尾音素是–i（后）时，须将–i（后）置换成"r"，发"ra"音；如果"啊"字前面的汉字音节末尾音素是–i（前）时，须将–i（前）置换成[z]，发[za]音。

我们结合例句来体会一下：

①嘿！下的是瓢泼大雨啊！

提示：

此句中"啊"字前的"雨"字的拼音为yǔ，其最后一个音素是"ü"（因为"ü"置换成"y"），所以此时的"啊"字音变后可以看作是"y"与"a"相拼：应发"ya"音。

②小心啊，不要碰到瓶子。

提示：

此句中"啊"字前的"心"字的拼音为xīn，其最后一个音素是"n"，所以此时的"啊"字音变后可以看作是"n"与"a"相拼：应发"na"音。

③蛇类不可能长脚啊。

提示：

此句中"啊"字前的"脚"字的拼音为jiǎo，其最后一个音素是"ao"（因为"ao"置换成"w"），所以此时的"啊"字音变后可以看作是"w"与"a"相拼：应发"wa"音。

④这事办得实在糟啊！

提示：

同上，应发"wa"音。

⑤谁知道他是这样的人啊。

提示：

同例句2，应发"na"音。

⑥论辈分，我叫他堂哥啊！

提示：

同例句1，应发"ya"音。

⑦等啊等，一直到月上枝头也没见个人影。

> **提示：**
>
> 此句中"啊"字前的"等"字的拼音为děng，其最后一个音素是后鼻音的韵尾ng，所以此时的"啊"字音变后可以看作是"ng"与"a"相拼：应发"nga"音。

⑧雨天路滑，小心啊！

> **提示：**
>
> 同例句2，应发"na"音。

⑨是啊，我们人类忍受不了寂寞，动物也是一样啊。

> **提示：**
>
> 此句中第一个"啊"字前的"是"字的拼音为shì，其最后一个音素是-i（后），读 ra ；后一个"啊"字前的"样"字的拼音为"yàng"，其最后一个因素是后鼻音的韵尾ng，音变后可以看作是"ng"与"a"相拼：应发"nga"音。

⑩我不知道他家住那儿，这回登门是第一次啊！

> **提示：**
>
> 此句中"啊"字前的"次"字的拼音为cì，其最后一个音素是"-i（后）"，所以此时的"啊"字音变后须将-i（前）置换成[z]，发[za]音。

⑪首长乐呵呵地说道："行啊。"

> **提示：**
>
> 同例句9，"nga"音。

思考与实训

练习1　此次演讲活动由省委宣传部、省教育厅联合主办，旨在激励和鼓舞广大青少年继承"赶考"精神，为实现中国梦而不懈奋斗。演讲团成员是来自省博物馆、冀南烈士陵园、八路军一二九师纪念馆、直隶总督署博物馆、唐山地震遗址公园和西柏坡纪念馆等地的讲解员，她们带着爱国主义教育基地"珍藏"的伟大民族精神，用图片和语言再现了充满荆棘的"赶考路"。现场观众时而落下感动的泪水，时而爆发出雷鸣般的掌声。学生们听了演讲深受感动，他们表示，自己要以历史英雄为榜样，努力学习，不断提高自身素质，为实现中华民族伟大复兴的中国梦不懈努力。

练习2 调查称82.7%职场人士对明年就业状况乐观

82.7%的职场人士对2010年就业状况表示乐观，就业信心指数为74.0，比上年上升了1.3点。这是美兰德公司近日公布的调查结果。专家认为，随着经济衰退接近尾声，再加上中央提出明年要继续实施积极的财政政策和适度宽松的货币政策，中国职场人士对2010年就业信心有所回升。

进一步分析发现，沿海城市受访者对明年的就业状况相对更有信心，就业信心指数为75.7，高于内地城市的68.2。分行业看，电力、燃气及水的生产和供应业、教育、住宿和餐饮业等行业从业人员的信心相对更高，就业信心指数均在80以上；受国际金融危机打击较大的制造业从业人员信心相对较低，就业信心指数仅为62.2。分单位类型看，在垄断型国企和政府机关工作的受访者信心相对更高，就业信心指数分别为82.4和82.1；在普通国企工作的人员信心相对最低，就业信心指数仅为69.6。

据悉，本次调查于2009年12月初完成，在16个城市，采用系统抽样方法，对2 705名在职人员或正在找工作人员的就业信心状况进行了调查。

练习3 新华网北京12月18日电（记者颜昊） 北京大学青年学生18日向全国高等院校大学生发出倡议，号召大学生肩负起应对气候变化的时代使命，开启低碳可持续的绿色生活。

北京大学青年志愿者协会联合中国大学生环境教育基地共同发表的宣言表示，坚决支持中国政府的二氧化碳减排行动计划，呼吁全国高校充分利用学科资源和专业优势，加强节能减排等环保技术的科研和应用，为社会经济可持续发展提供强有力的科技支撑。

为了以实际行动参与应对气候变化，17日晚10时，北京大学校内生活区两栋楼通过对宿舍灯光的控制显示出"碳排放下降"和"COP15"暨本次哥本哈根会议的图形，形象地表达出对"降低碳排放，应对气候变化"的良好祝愿。

练习4 2013中国科技城科技博览会开幕

2013中国科技城科技博览会今天在四川绵阳开幕，共有557家单位的1 304个项目参展，我国自主研发的首个互联互通互控家庭互联网系统、热磁成像感应仪器等最新科研产品悉数亮相，这是对我国军民两用技术成果的一次集中展示。

练习5　第七届全国电视舞蹈大赛

由我台主办的《第七届全国电视舞蹈大赛》昨天拉开帷幕并进行了第一场专场决赛，从今晚至本月18号，还将进行4场决赛，本月20号举行个人总决赛和颁奖晚会。我台三套综艺频道将全程直播比赛实况。

练习6　目前，台风"海燕"的威力已经减弱，海南、广西局部地区灾情依然比较严重。海南琼海昨天被洪水围困的村子，洪水已经消退，昨天夜里断水断电的村庄仍有部分的供电没有恢复。广西贵港三里一中校区被淹，一千多名师生被困，当地消防官兵已经为被困师生送去了食物和饮用水。

练习7　央视网消息（新闻联播）　本台消息：明天出版的人民日报将刊发社论《让改革旗帜在中国道路上飘扬》。文章说，1978年以来，每一次三中全会都是一座改革的历史航标。在万众瞩目与期盼中，党的十八届三中全会胜利闭幕了。中国的改革站在了新的历史起点上。文章指出，这次会议，是在我国改革开放新的重要关头召开的一次重要会议，是我们党在新形势下坚定不移高举改革开放大旗的重要宣示和重要体现，是全面深化改革的又一次总部署、总动员。文章强调，全面深化改革的总目标，是完善和发展中国特色社会主义制度，推进国家治理体系和治理能力现代化。《决定》确立这个总目标，深刻表明了改革的鲜明性质和根本任务。改革开放的旗帜必须高高举起，中国特色社会主义道路的正确方向必须牢牢坚持。

四、声调和调值

1. 声调和调值释义

传统教学中有关声调和调值的概念与解释：

声调是音节的高低升降形式，它主要是由音高决定的。声调的音高是相对的，不是绝对的；声调的升降变化是滑动的，不像从一个音阶到另一个音阶那样跳跃式地移动。

描写声调的高低通常用五度标记法：立一竖标，中分5度，最低为1，最高为5。

2.普通话的四个声调

（1）阴平　念高平，用五度标记法来表示，就是从5到5，写作55。

（2）阳平　念高升（或说中升），起音比阴平稍低，然后升到高。用五度标记法表示，就是从3升到5，写作35。

（3）上（shǎng）声　念降升，起音半低，先降后升，用五度标记法表示，是从2降到1再升到4，写作214。

（4）去声　念高降（或称全降），起音高，接着往下滑，用五度标记法表示，是从5降到1，写作51。

3.调值的充分体现

> **新论与提示：**
>
> 这里我们要着重讲一下新闻稿件中，如何体现调值的问题。通常而言，在一条完整的新闻稿件中，播出状态调值体现得充分准确与否对播音质量有着至关重要的影响。所谓调值体现充分，是指某个音节发音的"充分完整"，与此相对，如果平调值没能达到体现充分，就会出现"吃调值"的不完整现象。

那么，新闻播出中的调值需要注意哪些问题呢？调值的体现充分必须要注意这样几个条件限制：

（1）句中需要强调的尾音音节、单音节的调值的体现。

例稿1　在这里，你、我、他、教师、辅导员、学校领导……每个人都是闪光点，每个人都是风向标，每个人都是发动机。

（2）姓氏名单的最后一个音节需要调值的体现。

例稿2　新华社消息：党的十八届一中全会选举习近平、李克强、张德江、俞正声、刘云山、王岐山、张高丽为中央政治局常委。

（3）句中要做生理停顿（内停）或强调的音节需要调值的体现。

例稿3　中新社消息：记者25号从内蒙古自治区文化厅了解到，大兴安岭林管局阿里河林业局辖内近日发现一处下方绘有"太阳""树木""萨满舞蹈"等约300幅红色岩画的35米高石柱。考古专家认为，这里可能为旧石器时代晚期先民祭日的场所。

这一岩画点由中国岩画学会会员崔越领和阿里河林业局职工安亚林在大兴安岭深处发现。位于海拔900余米的大青山顶部一处高约35米的第四纪冰川遗迹——冰蚀柱巨岩上。

崔越领在接受媒体采访时表示，这个石柱可能是古先民认为可以与天地通灵的地方。他分析认为，从岩画的图案、幼稚的绘画技法、惨淡的色泽等特征来分析，岩画绘就的时代为旧石器时代晚期；从岩画有叠加图案、用火痕迹来分析，古先民在这个岩画点区域生存时间相当长久；从四周皆有太阳图案来分析，这里是古先民的祭日场所。

资料显示，太阳崇拜是世界古先民最为原始的自然崇拜，树木崇拜也是人类早期的崇拜之一。目前为止，在内蒙古大兴安岭阿里河林业局管辖范围内已发现15处2 000多幅旧石器时代晚期岩画，为古称大鲜卑山的大兴安岭早期文化、东北亚人类学、黑龙江流域文明研究提供了重要实物资料。

五、轻声

1. 轻声释义

传统教学中有关轻声的概念与解释：轻声是一种特殊的音变现象，它处于口语轻读音节的地位，失去它原有声调的调值，重新构成自身特有的音高形式，听感上显得短促模糊。

2. 轻声的规律

一般认为，轻声的规律大致有以下几种：

①表示方位

北边　上面　里头　地下

②叠音名词及动词

妈妈　姥姥　跳跳　尝尝　练练

③结构助词、时态助词

的　地　得　着　了　过

④语气助词：啊　呀　吗　呢　啦　吧　哇

⑤"子、儿、头、么"作词缀及表示多数的"们"：

儿子　椅子　鸟儿　花儿　木头　看头　什么　他们

⑥口语中历史悠久的双音节词语：

萝卜　时候　告诉　行李　凉快　规矩

窗户　朋友　阔气　粮食　头发　先生

3. 轻声的发音规律

（1）读半高平调[44]：当前一个音节的声调是上声时，后面的轻声音节的调形是短促的半高平调[44]。

例如：上+轻：姐姐　老实　喇叭

（2）读低降调[31]：前一个音节的声调是非上声时，后面的轻声音节的调形是短促的低降调[31]。

例如：阳+轻：婆婆　粮食　头发

阴+轻：先生　玻璃　庄稼

去+轻：弟弟　意思　漂亮

轻声调值的比较：老实[44]——粮食[31]

4. 轻声的转化

> **新论与提示：**
> 关于轻声的问题，我们做一点强调和补充，多数轻声读音都不是绝对的，在表示不同语义或在不同语序状态下，轻声读音与非轻声读音是可以互相转化的。

例词 1　"困难"与"遇难"，前者中的"难"应做轻声读"nan"音；后者中的"难"则做实声读"nàn"音。

例词 2　东西与东西，如果这两个词在表示物品时，则"西"字应做轻声读"xi"音；如果这两个词在表示方位时则做实声读"xī"音。

例稿　**人民网消息：**在今天下午的广州市纪委定期新闻发布会上，广州市纪委新闻发言人梅河清通报了广州市纪委对花都区政协主席王雁威涉嫌严重经济违纪问题进行的立案查处情况。2013年6月3号下午，花都区政协主席王雁威以身体不舒服，行走困难和需要休息为由请假，之后畏罪潜逃。经初步核实，王雁威在任花都区花东镇党委书记及区委常委、区委组织部部长、区政协主席期间，确有利用职务上的便利条件，以受请托办事情为理由，多次收受他人巨额贿赂。因王雁威涉嫌严重经济违纪错误，已不适宜担任现任职务。

目前，经广州市纪委常委会审议并报广州市委批准，正按有关程序免去其花都区政协主席、党组书记、中共花都区第十三届区委委员，终止其广州市第十二届政协委员、花都区第十五届人大代表资格。鉴于王雁威涉嫌构成犯罪，已将其移交司法机关处理。

思考与实训

练习1 你幸福吗?

"你幸福吗?""我姓曾。""你幸福吗?""我姓福。""你满足吗?""我是满族。"这答非所问的一组问答是近日网络上迅速蹿红的流行语。今年国庆期间，中央电视台推出了一期"走基层——百姓心声"特别调查节目，在街头随机采访平民百姓，问的都是同样的问题："你幸福吗?"但让人万万没想到的是，当记者问从山西来北京打工的一名40多岁的农民工时，竟出现这样一幕——记者问："你幸福吗?"这名农民工非常认真地回答："我姓曾。"这个问答在央视新闻联播节目播出以后，立即引起热烈反响。接着记者问一名郑州的青年人："你幸福吗?"年轻人回答："幸福啊。""那你觉得幸福是什么?""每天把该做的事做完之后，舒舒服服地玩就是幸福。"这些答案，包括那些"姓福"和"满族"之类的跟帖，让人忍俊不禁。但笑过之后，人们会陷入深深的思考：幸福是什么? 幸福在哪里? 在挂满幸福果实的这棵社会大树上，自己又得到了多少? 我们应该感谢央视的这期节目，原汁原味的问答，让我们看到了视角的多元，也看到了幸福的真谛，每个人的幸福，就在自己的手里和心里。

练习2 女子看完宫崎骏电影后养120只龙猫，最贵6万一只

一排排专门定制的柜式宠物箱里面住着120多只龙猫，或夫妻档，或母子档，或闺蜜俩，尹女士家的龙猫如同住上公寓房。鲸鱼、白鸽、射手、黑布林、没名字……这些八竿子都打不到一起的词组分别贴在"公寓"房门上，没错，这就是它们各自的

名字。"这些名字，主要是根据他们的毛发颜色和性格来取的，比方说大雪就是白色的，梅干菜就是黑色的。"不过这些小东西大部分看起来都有气无力的。"龙猫都是夜猫子，白天安静晚上闹腾。"尹女士解释。

别看龙猫个头不大，不过120多只要是各自配上宠物箱，尹女士只能为它们专门租了一套120平方米的房子。除去客厅和里屋靠窗的那一面，其他地方都排满了饲养龙猫的住宅。一组柜子分上下两层宠物箱，每个箱子大约1/4平方米，里面配套设置齐全，磨牙器、饮水器、饲料盆，还有供它们玩耍跳跃的隔板一应俱全。"每只龙猫的'公寓'加上设施就要花上1 500元。"尹女士说。

这么多龙猫能伺候得过来吗？尹女士说，自己过的也是朝九晚五的生活：每天上午来到出租房，傍晚才能回家。打扫龙猫的住所，喂食喂水，逗它们玩，有时候还要挨个给它们洗澡，基本上做完这些一天就过去了。

和龙猫处久了，尹女士道出了龙猫圈里的趣事，公龙猫个个都是妻管严。"一般公的都比较怕母的，吃饭也都是母的先吃。"……

练习3　清华大学高才生当保安

3张桌子配上几把木椅，墙面挂钩上吊着6把巡视用的巡逻棒，不足十平方米的保安室是张晓勇坚守5年的地方。

张晓勇每天的工作就是在小区内巡视。哪家的狗狗被偷，哪家又遭了贼，哪家夫妻又吵架了，这些都是他的分内事。

对于小区里有个清华大学毕业的保安，业主们显得很淡然。这个戴着金丝眼镜的中年保安，在大伙儿心目中是一个称职的小区保姆。"他刚来时大家觉得很稀奇，是大家茶余饭后的谈资。日子一长也就不稀奇了。"芙蓉区火星街道兴和社区专干朱薇说。

对于那些年的事，张晓勇只有淡淡一笑。每天早上8点赶到办公室，一个月休息4天，月底领取2 000多元的工资，这些才是更实在的事情。

练习4　新华网北京11月15日电 《中共中央关于全面深化改革若干重大问题的决定》今日发布，《决定》指出要深化教育领域综合改革。

深化教育领域综合改革。全面贯彻党的教育方针，坚持立德树人，加强社会主义核心价值体系教育，完善中华优秀传统文化教育，形成爱学习、爱劳动、爱祖国活动的有效形式和长效机制，增强学生社会责任感、创新精神、实践能力。强化体育课和课外锻炼，促进青少年身心健康、体魄强健。改进美育教学，提高学生审美和人文素养。大力促进教育公平，健全家庭经济困难学生资助体系，构建利用信息化手段扩大优质教育资源覆盖面的有效机制，逐步缩小区域、城乡、校际差距。统筹城乡义务教育资源均衡配置，实行公办学校标准化建设和校长教师交流轮岗，不设重点学校重点班，破解择校难题，标本兼治减轻学生课业负担。加快现代职业教育体系建设，深化产教融合、校企合作，培养高素质劳动者和技能型人才。创新高校人才培养机制，促进高校办出特色争创一流。推进学前教育、特殊教育、继续教育改革发展。

练习5 国家卫生计生委、公安部日前印发《关于加强医院安全防范系统建设指导意见》，要求全国二级以上医院增加保卫力量，配备安检设备，设置安全监控中心，构建三级防护体系。据统计，我国每年每所医院发生暴力伤医事件平均数从2008年的20.6次，上升到2012年的27.3次。

六、儿化韵

1. 儿化韵释义

传统教学中有关儿化韵的概念与解释：儿化是指一个音节带上卷舌动作，其韵母发生音变，成为卷舌韵母——儿化韵。儿化在有些词语里具有区别词性和词义的作用，有些儿化具有细小、轻微的意思，还有的表示说话人喜爱、亲切的感情。

"er"在普通话里是一个比较特殊的韵母，它不同声母相拼，也不能同其他音素组合成复合韵母，可以自成音节。"er"自成的音节很少，常见的有"耳、而、儿、饵、尔、二、贰、迩"等。此外，"er"常附在其他音节后边，使这个音节发生变化，成为一个带卷舌动作的韵母，这就是儿化现象。儿化后的韵母称儿化韵。带儿化的韵母的音节，一般用两个汉字来表示。用汉语拼音字母写这些儿化音节，只需在原来的音节之后加上"r"。

一般认为，儿化韵主要有以下4个方面的作用。

2. 区别词性的作用

举例释义：

盖（动词）——盖儿（名词）

尖（形容词）——尖儿（名词）

破烂（形容词）——破烂儿（名词）

亮（形容词）——亮儿（名词）

3. 区别词义的作用

举例释义：

头（脑袋）——头儿（领导、首领、一端）

眼（眼睛）——眼儿（窟窿眼儿、小孔）

白面（面粉）——白面儿（白色粉末或毒品）

信（书信）——信儿（消息）

4. 表示感情色彩或语气

一般主要体现在表示小、可爱、亲切或蔑视、鄙视等多种感情色彩或语气。

举例释义：

小牛儿　小孩儿　宝贝儿　心尖儿　小草儿

小崽儿　门缝儿　有趣儿　小丑儿　小偷儿

5. 由北京话口语习惯沿袭下来的儿化韵

举例释义：

A. 说哪儿去了，没边儿没沿儿的。

B. 一大早儿就遛弯儿去了。

C. 这天儿真好，明儿见。

练习：价码儿　刀把儿　鞋带儿　老伴儿　门槛儿

　　　大伙儿　聊天儿　墨水儿　面条儿　个头儿

有时在文章中根据节律的需要，"儿"要成独立音节。

6. 儿化韵的主动添加

新论与提示：

　　需要指出的是，许多新闻稿件在写作时，常有忽略对儿化韵的准确标注，也就是说在需要添加儿化韵的字节后面没有添加"儿"字，这种情况下，播音员在播出时就须按儿化韵要求主动添加进去。

例稿：

据《北京晚报》报道："6件金首饰，只卖199元！"黄金价格下跌让电视购物中的金饰品也卖得风生水起。不过看到这样的"好事"时，别冲动！中商联媒购委今天上午通报违法电视购物广告时指出，经过权威部门检测，这些所谓的"金首饰"不但一点不含金，而且有害元素超标近3 000倍，竟然是可怕的"毒首饰"！而据调查，这些"毒首饰"有相当一部分是被喜欢赶时髦的男孩女孩们购买去了。

提示：

这条稿件当中，有4处需要做儿化韵处理："好事儿""一点儿""时髦儿""男孩儿""女孩儿"。

思考与实训

练习1 《新闻晚报》今天在科教健康版的一篇报道提醒家长朋友们，不要对孩子进行"心理虐待"。报道说，生活中，不少家长经常脱口而出对孩子说这样的话："没看见我正忙着，到一边儿玩儿去。""你怎么这么笨，教了几遍还不懂！"家长随意说过也就算了，殊不知这样的说话方式对孩子来说就是一种"心理虐待"，会给孩子幼小的心灵造成伤害。报道说，家庭破裂的孩子更容易受到心理虐待，因此也更容易出现各种行动问题。

练习2 如今减肥似乎也成了一种时尚，可追逐这种时尚也得讲究点儿方法。要不然，受伤的总归是自己。《新民晚报》今天在社会新闻版报道，日前，一名女子因减肥不当而虚脱昏迷，幸亏被民警及时救助才转危为安。报道说，这名女子是陕西人，今年32岁，近日她服用了过量减肥药后持续腹泻，导致虚脱、昏迷。在昏迷前一刻，她拨通了"110"求助，这才捡回了一条命。

练习3 收获后的玉米地里，一个胖乎乎的家伙，抓起干枯的玉米秆，放到嘴边嚼得津津有味，有人上前去看个究竟，发现竟是国宝大熊猫……14日中午，宝兴县永富乡中岗村，村民高选强遇到神奇一幕，并与大熊猫有了约半小时亲密接触。

直到半小时后，一小块地的玉米秆都被清理得差不多后，大熊猫才停下来休息了一会儿，然后一摇一晃回到了山林。听高选强讲述了经过，并看了拍摄的照片后，宝兴县林业局工作人员初步认定，这是一只下山觅食的野生大熊猫。作为首只大熊猫的科学发现地和命名地，宝兴近年来已多次发现下山觅食的野生大熊猫。

第四节 新闻播音的重音、停连和语气、语调

一、重音

传统教学中有关重音的概念与解释：什么是重音呢？重音又叫语句重音。简单地说，"在播音中那些根据语句目的、思想感情需要而给予强调的词或短语就叫重音"。

传统教学中主张重音有以下主要特征。

（1）语句中心词：重音应该是突出语句目的的中心词。这类词，指那些在语句中占主导地位和最能揭示语句本质意义的词或词组。它们是准确、鲜明地传达语句目的的核心。

（2）体现逻辑关系：重音应该是体现逻辑关系的对应词。这类词，是指那些具有转折、呼应、对比、并列、递进等作用的词语。它们是语句目的的实现过程中的重要逻辑线索。

（3）关键词作用：重音应该是点染感情色彩的关键词。这类词，是指那些对显露丰富的感情色彩、情景神态或烘托气氛等起重要作用的比喻、象声以及其他形容性的词或词语。它们可以使特定环境中的语句目的生动形象地突出出来。

选择确定重音的总的原则是：以能否突出语言目的为首要标准，综合考虑逻辑关系和感情表达的需要，有利则取，不利则舍。

1. 重音强调方法

传统教学中认为重音主要有以下3种强调方法：

（1）强弱法：这是一种用声音的轻重、高低变化来强调重音的方法。需要注意的是，重音不光可以用强和高的声音来强调，强中见弱、高中显低也不失为有效的方法。

（2）快慢法：这是一种用字音的急缓、长短、顿连等变化来强调重音的方法。

（3）虚实法：这是一种通过声音的虚实变化来强调重音的方法。

2. "重音区"与"重音点"

新论与提示：

上面介绍的是传统教材当中有关重音主张的代表性观点，现在，我们从实践应用出发，就重音的便于确认与掌握进行一下诠释。关于新闻播音中重音的认识，我们认为可以这样通俗理解：重音，就是在新闻播音时，对稿件中需要强调的单音字节进行适当的语气加重。毫无疑问，播音员在播音（包括进行其他形式的有声语言作品创作）过程中，都存在对重音的处理问题。

（1）重音的单音节落点

我们认为，在播出的稿件中，重音可以以句子、词汇、单音字节等形式存在（即重音区所在位置），但播音员将其变成有声语言对外播出时，重音的落点只能体现在单音字节上。那么，对于"重音的落点只能体现在单音字节上"这一概念该如何理解呢？我们结合例稿来看。

例稿：据《广州日报》报道：受最近几天强降雨影响，京广线沿途多处边坡溜坍、山体垮塌、暴发泥石流。其中，在京广线张滩至土岭区间，K9067次（邵阳—深圳西）、K599次（包头—广州）、K9083次（张家界—广州）、K209次（宁波—广州）等多趟列车7 000多名旅客被滞留在乐昌市坪石北站、坪石火车站、坪石罗家渡等地段。

前天深夜，上万名铁路职工开始上线抢险，他们手持铁锹徒手清泥，肩挑手扛投入石包堵塞塌方处，终于排除险情顺利打通铁路。

而从昨天凌晨开始，各方面不断努力对7 000多名被困旅客进行救助或转运。截至记者昨晚发稿时为止，滞留在京广线坪石附近路段的4趟列车都已经离开。

通过例稿分析可知，加着重号的地方多数是属于典型重音单音字节，作为职业播音员在播出时一般都会在这些地方加重语气，做适度强调的重音处理。

作为专业的播音员，在播音时对稿件中典型重音的选择（重音的单音节落点）应该形成一种本能的语感意识。

（2）重音区

> **新论与提示：**
>
> 　　所谓重音区是指"重音单音节落点"集中存在的区域。通过例稿分析可知，"K9067次（邵阳—深圳西）、K599次（包头—广州）、K9083次（张家界—广州）、K209次（宁波—广州）等多趟列车7 000多名旅客被滞留在乐昌市坪石北站、坪石火车站、坪石罗家渡等地段"是重音区集中的句段。

　　从例稿分析可知，人们在阅读及播音时对稿件中非典型重音的强调（重音单音字节）是可以按照每个人的不同的理解进行灵活处理。比如，例稿中最后一句"截至记者昨晚发稿时为止，滞留在京广线坪石附近路段的4趟列车都已经离开"中的3处重音，"稿"字可以不做重音处理；数字"4"和"都"字可以只将其一处做重音处理，也可以将两处重音的强调程度进行互换等。对稿件中的重音处理还须注意以下几点：一是不能太密，过多地进行重音强调；二是再做重音处理时不能太重，适度即可，谨记重音是一种下意识；三是学习之初，可以通过对大量稿件进行重音标注来寻找和总结重音规律，达到一定量的积累以后，在播出时要将对稿件中的重音处理变成一种本能，不能过于刻意而导致不自然。

思考与实训

练习1　限购疑似松动　购房资格一路涨

　　据记者了解，在去年，北京办理购房资格的价格约为3万元，但是，今年4月份，因为北京住建委某部门相关负责人被双规后，伪造购房资格的难度加大，购房资格因此涨到了5万元，6月份这个价格曾涨到6万~7万元，这中间仅仅用了一个月的时间。

　　按照上述花10万元补齐社保取得购房资格的花费计算，除去社保需要的费用，取得购房资格的价格也在5万元左右。而对于一些在限购范围内的企业高管等特殊人群，他们同样通过这种渠道假造购房资格买房，但是开发商出于各种关系的考虑，这些人只需要2万元的"成本价"就可以得到购房资格。

　　一位中介从业人员向记者表示，最近冒出不少没有购房资格的人想买房，因此需要买购房资格的人也多了起来。而去年的客户基本都是有购房资格的人，因此，购房资格的涨价跟需求的增加不无关系。

练习2　弱势日元提振经济或收效甚微

12月16日，日本国会第46届众议院选举落下帷幕，安倍晋三所在的日本第一大在野党自民党赢得新一届政府执政权。

对经济领域而言，自民党赢得大选意味着日本将启动更凶猛的货币宽松政策。事实上，安倍晋三自9月出任自民党领袖以来，一直呼吁日本央行采取远超当前力度的"无限度"货币宽松政策，以击退通缩和提振经济。

受此预期影响，美元对日元汇率近几个交易日大幅上行。上周五（14日）的亚太交易时间，美元/日元稳步攀升，午盘汇价逼近84.00整数关口，刷新近9个月新高。高盛资产管理公司董事长吉姆·奥尼尔认为，若美国经济积极发展，那么美元对日元汇率上升至100～120并非不可能。这意味着日元将贬值近50%。

练习3　中国飞机抵钓鱼岛　美国国务院指责中国

据英国广播公司网站12月15日报道，美国国务院发言人表示，美方已就有关事件向北京表达关切，并称美国已经明确表示，美方"针对钓鱼岛及其附属岛屿的政策和承诺是长期的，并未改变"。这位发言人还表示，美方亦与日本政府讨论了此事。共同社12月14日援引美国国务院发言人帕特里克·文特雷尔的话说："双方要避免将事态升级，避免因误判形势而损害该地区的和平、安全和经济发展，这非常重要。"

报道指出，华盛顿显然在就此事指责中国。美国国务院发言人纽兰13日曾对此事作出较为克制的回应。她没有使用"关切"这样的字眼，仅表示中日需要展开对话以避免此类事件再次发生。美国称其在中日争议岛屿主权问题上不站队，但又表示这些岛屿适用于《日美安保条约》，这意味着一旦发生武装冲突，华盛顿将出手帮助日本。

练习4　新华网北京11月15日电　《中共中央关于全面深化改革若干重大问题的决定》今日发布，《决定》指出要完善人权司法保障制度。

完善人权司法保障制度。国家尊重和保障人权。进一步规范查封、扣押、冻结、处理涉案财物的司法程序。健全错案防止、纠正、责任追究机制，严禁刑讯逼供、体罚虐待，严格实行非法证据排除规则。逐步减少适用死刑罪名。

练习5　新华网北京11月15日电　《中共中央关于全面深化改革若干重大问题的决

定》今日发布,《决定》指出要深化教育领域综合改革。

深化教育领域综合改革。全面贯彻党的教育方针,坚持立德树人,加强社会主义核心价值体系教育,完善中华优秀传统文化教育,形成爱学习、爱劳动、爱祖国活动的有效形式和长效机制,增强学生社会责任感、创新精神、实践能力。强化体育课和课外锻炼,促进青少年身心健康、体魄强健。改进美育教学,提高学生审美和人文素养。大力促进教育公平,健全家庭经济困难学生资助体系,构建利用信息化手段扩大优质教育资源覆盖面的有效机制,逐步缩小区域、城乡、校际差距。统筹城乡义务教育资源均衡配置,实行公办学校标准化建设和校长教师交流轮岗,不设重点学校重点班,破解择校难题,标本兼治减轻学生课业负担。加快现代职业教育体系建设,深化产教融合、校企合作,培养高素质劳动者和技能型人才。创新高校人才培养机制,促进高校办出特色争创一流。推进学前教育、特殊教育、继续教育改革发展。

3. 词的轻重格式

(1) 词的轻重格式释义

传统教学中有关轻声的概念与解释:所谓词的轻重格式是指多音节词的几个音节有约定俗成的轻重差别,轻与重是相对而言,短且弱的音节称为"轻",长且强的音节称为"重",介于中间的称为"中"。

(2) 双音节词

①中重格式:人民　在此　广播　刻苦　满意　年轻　白云

> **新论与提示:**
>
> "中重格式"是指由两个音节组成的词发音时,应将前一个音节做中音处理,后一个音节作为重音处理。

②重中格式:设备　艺术　责任　战士　工人　错误　教育

> **新论与提示:**
>
> "重中格式"是指由两个音节组成的词发音时,应将前一个音节作为重音处理,后一个音节做中音处理。

③重轻格式：弟弟　去吧　拿来　出去　东西　事情　喜欢

新论与提示：

"重轻格式"是指由两个音节组成的词发音时，应将前一个音节作为重音处理，后一个音节做轻音处理。

（3）三音节词

①中中重格式：共产党　东方红　国务院　差不多

新论与提示：

"中中重格式"是指由三个音节组成的词发音时，应将前两个音节作为中音处理，后一个音节做重音处理。

②中重轻格式：打拍子　小姑娘　没意思　爱面子

新论与提示：

"中重轻格式"是指由三个音节组成的词发音时，前一个音节的强弱程度居于中间，中间一个音节发重音，最后一个音节做轻音处理。

③重轻轻格式：飞起来　投进去　朋友们　顾不得

新论与提示：

"重轻轻格式"是指由三个音节组成的词发音时，前一个音节发重音，后两个音节做轻音处理。

（4）四音节词

①中重中重格式：安居乐业　并驾齐驱　标点符号　百炼成钢

新论与提示：

"中重中重格式"是指由四个音节组成的词发音时，按先后顺序分别做中、重、中、重处理。

2. 中轻中重格式：坑坑洼洼　嘻嘻哈哈　哆哆嗦嗦　慌里慌张

新论与提示：

"中轻中重格式"是指由四个音节组成的词发音时，按先后顺序分别做中、轻、中、重处理。

思考与实训

练习1　央视网消息（新闻联播）：加快构建新型农业经营体系，赋予农民更多财产权利，这是党的十八届三中全会提出的亮点之一。从今年年初，中央提出全面开展农村土地权改革，到让农民享有更多财产权利，这些惠农政策的延续和递进，将让我国农民有更多机会分享改革带来的实惠。

练习2　央视网消息（新闻联播）：地方政府职能转变和机构改革工作电视电话会议11月1日在北京召开。中共中央政治局常委、国务院总理、中央编制委员会主任李克强发表讲话。他强调，要全面深入贯彻落实党的十八大和十八届二中全会精神，做好政府改革这篇大文章。中央政府改革是上篇，地方政府改革是下篇，要整体构思，通盘考虑，上下贯通，把整篇文章做好，更多释放市场活力，更好服务人民群众。

李克强说，地方政府职能转变和机构改革是行政体制改革的重要组成部分，有助于进一步理顺政府与市场、政府与社会、中央与地方的关系，保证中央政令畅通，发挥好中央和地方两个积极性，促进政府高效协调运转。对于激发市场和社会创造力、推动经济转型升级，具有十分重要的意义。

李克强指出，新一届国务院组成后，面对错综复杂的国内外经济形势和经济下行压力，我们把转变职能作为第一件大事，紧紧抓住不放。目前已取消下放334项行政审批等事项，简政放权成为深化改革的"马前卒"和宏观调控的"当头炮"，成效不断显现。今年以来全国各类企业登记数比去年同期增长25%，其中民营个体企业增长37%，带动了民间投资以23%左右的速度增长，社会投资和创业热情迸发，经济出现稳中向好。加快改革与调整结构叠加的效果，超出人们预期。

练习3　央视网消息（新闻联播）：国家主席习近平10日在人民大会堂会见联合国工业发展组织总干事李勇。

习近平积极评价联合国工发组织帮助发展中国家实现工业发展。习近平指出，中国同联合国工发组织的合作关系和中国改革开放进程同步。30多年来，双方开展了卓有成效的合作，为中国改革开放特别是工业进步做出积极贡献。当前，中国正在推进新型工业化，愿学习借鉴国际工业发展先进理念，同联合国工发组织加强合作。

练习4　央视网消息（新闻联播）：欢迎仪式后，李克强同辛格举行会谈。

李克强说，今年是中印关系的丰收年。习近平主席同总理先生在德班成功会晤。两国总理近60年来首次实现年内互访。双方高层频繁交往向世界发出中印友好的积极信号。中方将继续致力于加强两国政治互信，深化互利合作，为本地区和世界的和平发展做出新贡献。

李克强指出，中印的发展互为机遇，两国携手合作、共谋发展，不仅有利于两国25亿人的福祉，而且会对亚洲和世界产生深远影响。中方愿同印方一道，以信心、恒心和决心推动中印关系取得更大发展。

练习5 新华网成都11月17日电（记者吴晓颖、姬少亭） 在林林总总的文化产业门类中，科幻产业无疑是异军突起的新宠。中国科幻产业已具雏形，产业链较为完备，却存在原创力不足、产业链初级、人才匮乏等短板，国内科幻产业消费市场巨大，本土科幻产品供给却严重不足。科幻中国亟待向科幻大国跨越。

对中国来说，"科幻"是舶来品，它发轫于英法，繁荣于美国。如果将英美的科幻产业看作一棵枝繁叶茂的参天大树，那么中国还是一株亟须浇灌呵护的小树苗。虽然我国科幻产业尚处于刚起步阶段，但大卫·布林等多位科幻界"大腕"却预言：科幻的未来在中国。

二、停连

传统教学中有关停连的概念与解释：停连，是一个包括两个方面的问题。停，指停顿，连，指连接。有停顿、有连接才能更好地传情达意。

在播音与主持艺术中，语言部分之间，层次之间、段落之间、小层次之间、语句之间、词组或词之间，有声语言总有休止、中断的地方，时间有长有短，都属于停顿的范围。那些不休止、不中断的地方，特别是文字稿件中有标点符号而有声语言不休止、不中断的地方，就是连接。停顿和连接都是有声语言行进中显示语意、抒发感情的方法。无论停或连，都是思想感情发展变化的要求，而不是任意的。

新论与提示：

从播音实践而言，播音员在实际工作状态中很难会考虑采取哪种停连类型或方法。根据传统的停连概念分类与介绍，学生很难准确地把握"停连"在具体语言、语句中的使用或说"分寸尺度";通常给学生的理解也仅仅限于:停连是播音语言表达的一个外部技巧而已,显得笼统而不知所云。

而事实上,如同其他播音技巧一样,播音员在对停连种类的具体运用上,应该根据稿件的内容和句式的变化本能地实现停连在播报过程中的要求,而不必复杂化,更不能刻意化。然而,停连毕竟是一种非常重要的播音技巧,到底怎样才能相对简便易行地掌握好呢?

我们认为,"停连"包括两个方面的内容:停,指停顿;连,指连接——有停顿、有连接才能在使用普通话语音交流或工作时更好地传情达意。因此我们主张,在实际教学中应该将"停连"的概念进行分解阐释才会真正理解其含义。

1. 关于"停"的释义

普通话语音教学中的"停"总的来说应该有两个方面:即"明停"和"暗停"。

（1）"明停"

"明停"是指普通话文字稿件中有标点符号的地方,也就是播音员在播音的时候需要停顿的地方。

例稿:

中央台消息:中共中央总书记（A）、国家主席（B）、中央军委主席习近平8月28号至31号在辽宁考察时强调（C）,全面振兴东北地区等老工业基地是国家既定战略（D）,要总结经验（E）、完善政策（F）,深入实施创新驱动发展战略（G）,增强工业核心竞争力（H）,形成战略性新兴产业和传统制造业并驾齐驱（I）、现代服务业和传统服务业相互促进（J）、信息化和工业化深度融合的产业发展新格局（K）,为全面振兴老工业基地增添原动力（L）。

这段话中,共有（A）～（L）等12处标点,也就是说有12个"明停"点,对此应该很好理解,故不多赘述。

（2）"暗停"

所谓"暗停",顾名思义就是指普通话文字稿件中没有标点符号却需要体现停顿的语气感觉。

例稿：

受（A）东移南下强冷空气影响，预计（B）未来两天，我国大部地区（C）将出现大风（D）和强降温天气。西北地区大部、华北、黄淮、东北地区（E）将有5～7级偏北风，冷空气前锋过后，上述地区的气温（F）将先后下降8～10℃、部分地区（G）可超过14℃；长江中下游及其以南地区H将出现4～6级偏北风。"

这段话中，（A）～（H）等8处尽管没有标点，但是，播音员在播报或诵读这条消息时应该在这8个地方给予适当的停顿——即"暗停"，也就是在播报或诵读到这些地方是需要进行适当延时音长的，否则如果保持语流语速的整体一致，就体现不出播报或诵读时的韵律感和普通话的语感美。

（3）"明停"与"暗停"的把握

语言表达教学中，"明停"显然比较好理解也较好掌握，就是文字稿件中有标点符号的地方，播音员播报或诵读时要给予语句停顿即可。可是"暗停"则不然，对它的掌握一般要困难些，特别是对"暗停"所在"点"的分寸把握上，如何做到恰如其分是需要有个学习过程的。

那么，语言表达教学中"暗停"有无规律和技巧可循呢？回答是肯定的。

我们在理解这一概念时，要首先把新闻播报时的语速降下来，例如，以每分钟25个字的记录速度练习新闻播报时，这样就很容易找出"暗停"的所在"点"，继而学会掌控与把握。

说到"停连"，还必须对"音长"的概念有所了解：所谓"音长"就是在播报或诵读稿件时，对于"停连"时间的把握——计算"音长"通常以毫秒（MS）为单位。这就意味着，在语言表达教学中"停连"的时间长短区分是非常细微的，只有做到精准而恰如其分的把握，才能在播报或诵读稿件时把所要表达的逻辑情感，语句的抑、扬、顿、挫和轻、重、缓、急体现出来。

需要特别指出的是，在语言表达教学中，就"明停"与"暗停"两者"音长"的比较而言，并非是想当然的"明停"的"音长"会比"暗停"的"音长"要长，事实上，两者之间的"音长"变化和要求往往是根据语句词语的需要来决定的，也就是说，在实际新闻播报时——或者是在进行诗歌、散文朗诵时经常会出现的"暗停"的

"音长"会比"明停"的"音长"要长的现象，这点我们必须特别注意。

例稿：

海鸥（A）在暴风雨来临之前呻吟着，呻吟着，它们在大海上飞窜，想把自己对暴风雨的恐惧，掩藏到大海深处。海鸭（B）也在呻吟着，它们这些海鸭啊，享受不了生活的战斗的欢乐：轰隆隆的雷声（C）就把它们（D）吓坏了。

慢慢体会朗读不难发现，上面这段例稿中（A）、（B）、（C）、（D）这4处"暗停"点的停顿"音长"是应该高于句中许多"明停"的"音长"的，朗读的时候如果不是这样处理，那么显然是不符合语句内在情感表达要求的。

2.关于"连"的释义

> **新论与提示：**
>
> 新闻播音中的"连"强调的是在播报时对稿件中语气、语流、语感处理时的"有机连接"。
>
> 一般情况下，新闻播音强调少停多连，目的是体现新闻播音语流的自然与流畅。

例稿：

环球网消息（A）：最近，美国一个为选美而生的3岁漂亮宝宝走红网络（B），萨瓦娜（C）·杰克森选美照片让网友惊呼"神似秀兰（D）·邓波儿"（E）。

萨瓦娜从出生第10个月开始就参加选美比赛（F），到了两岁时（G），为了顺应选美流行肤色（H），母亲萝拉还让她晒成小麦色（I）。

有声音质疑是母亲的虚荣心作祟（J），但萝拉表示是女儿自己乐在其中（K），"萨瓦娜非常喜欢这个过程（L），她感到很快乐（M），这让她对自己充满信心（N）。

例稿中，从（A）到（N）一共有14个"明停"点，播音员在播送这条消息的时候，除了在播到（E）、（I）、（N）等3个句号"明停"点的时候需要处理成"气息断开"状态之外，对其他的"明停"的气息状态都应处理成"若断若连、以连为主"的效果，只有这样才能使受众能够非常连贯地听清、听懂整条消息的内容；反之，如果在把这些"明停"点全都处理成干脆的"停"而没有语气、语流、语感上"连"的意思，那么，其艺术效果显然也就根本无从谈起了。

3. "1、2、3"秒比例停顿关系

新论与提示：

"1、2、3"秒停顿法，是一个全新的理论概念。最重要的是，在联系具体的新闻播音时，究竟该怎样把握"停"与"连"的关系呢？

根据常见新闻稿件的播报规律，我们总结出1、2、3秒比例停顿关系：新闻稿件中，逗号、顿号、冒号的停顿时长为1秒；句中的句号停顿时长为2秒；句尾（段与段之间）的句号停顿时长为3秒。根据概念定义，我们来对下面这条例稿进行一下1、2、3秒比例停顿关系的标注划分。

例稿：（文中的"1""2""3"分别代表停顿时间为"1秒""2秒""3秒"）

新京报消息1：据不完全统计1，国资委主任蒋洁敏系十八大以来1，因涉嫌违纪被查的第九名省部级官员1、央企高管1，此前已有八人落马1：李春城1、周镇宏1、刘铁男1、倪发科1、郭永祥1、王素毅、李达球1、王永春3。十八大以来1，中央领导人多次强调"老虎、苍蝇一起打"2。上月27号，中央政治局会议通过了《建立健全惩治和预防腐败体系2013—2017年工作规划》1，强调"把坚决遏制腐败蔓延势头作为重要任务和工作目标，严肃查处党员干部违纪违法案件"3。中国行政学院教授竹立家表示1，十八大后中国反腐提速1，多名高官落马表明中国惩治腐败的决心和力度3。"从过去来看1，曾有人统计过1，平均每年被查处的省部级官员大概有六至八名1，而十八大至今半年多的时间内1，落马的省部级官员数量之多1、频率之高1，确实比较少见2。"长期研究反腐课题的中央编译局当代马克思主义研究所所长何增科说1，近三十年来1，从省部级高官被查处的密度和速度来看1，新一届中央领导层的反腐力度可以说是最大的3。

需要特别指出的是，所谓"1、2、3秒比例停顿"是一种相对而言的"比例关系"：如果一条稿件的整体稿件播报速度较快，那么"1、2、3秒比例停顿"时间相应地就要缩短；反之，如果一条稿件的整体稿件播报速度较慢，那么"1、2、3秒比例停顿"时间相应地就要延长。上篇例稿中，"1、2、3秒比例停顿"是一个正常的停顿关系，下面这条消息的整体语速较慢，"1、2、3秒比例停顿"就要分别相应延长时长。

例稿：

现在播送中华人民共和国全国人民代表大会公告第一号。

第十二届全国人民代表大会常务委员会委员长、副委员长、秘书长和委员已由第十二届全国人民代表大会第一次会议于2013年3月14日选出，共175人。

委员长：张德江。副委员长：李建国、王胜俊、陈昌智、严隽琪（女）、王晨、沈跃跃（女）、吉炳轩、张平、向巴平措（藏族）、艾力更·依明巴海（维吾尔族）、万鄂湘、张宝文、陈竺。秘书长：王晨（兼）。

4. "首句加速"与"尾句降速"

新论与提示：

在新闻播音中，"首句加速"与"尾句降速"是一条非常重要的规律，但是很少有人从理论视角进行归纳总结。所谓"首句加速"与"尾句降速"是指在新闻播报时，对稿件播报行进速度的一种规律性变化的技巧处理。"首句加速"是指在播出新闻稿件时，每一句话第一句的播出速度都有一个由"最快"到"适度"的变化过程。"尾句降速"恰好与之相反，是指在播出新闻稿件时，每一句话尾句（以句号做标志的最后一句）的播出速度都有一个由"适度"到"渐慢"的变化过程。

例稿：

据《扬子晚报》报道：由国研中心、社科院等四家学术科研机构所做的社保体制改革顶层设计方案，已于8月底上交相关部门。方案的重点包括养老金整体投资运营、机关事业单位养老保险制度改革、养老保险跨省转移等方面。社科院世界社保研究中心主任郑秉文认为，未来社保体制改革的重点将集中在：一是基础养老金的全国统筹，制订一个方案，明确目标、模式；二是社会保险待遇的确定和正常调整机制；三是社保基金的投资运营管理制度和开辟更多的社会保障资金的渠道，扩大社会保障战略储备基金等。

从全球范围来看，养老金投资运营多为购买国债，或是采用市场化投资运作，而存在商业银行的只有中国。投资体制低效导致养老金贬值风险加大，在以银行存款为主的投资体制下，中国养老保险基金获得的年均收益率不到2%，但是在过去11年间，中国内地年均通胀率高达2.47%。以此推算，养老保险基金的损失约6 000亿元。根据人社部最新公布的数据显示，至2012年末，全国城镇职工基本养老保险基金累计结存23 941亿元。

例稿中，加着重号的句子即为"首句加速"的地方，在播出时应该有一个播出速度由"最快"到"适度"的变化过程。与此相对应，例稿中，加波浪线的句子即为"尾句降速"的地方，每句话尾句（以句号做标志的最后一句）的播出速度都有一个由"适度"到"渐慢"的变化过程。会开车的人都知道在驾驶汽车时经常会有这样一个速度变化的行进过程："快速加速前进"——"保持匀速行驶"——"刹车渐缓停稳"。新闻播音中这种"首句加速"与"尾句降速"的变化规律与上述开车时的速度变化有点类似。

思考与实训

练习1　李克强总理会见中外记者并回答提问

今天上午，国务院总理李克强在人民大会堂金色大厅与中外记者见面并回答了记者的提问。

在回答记者有关国务院机构改革和职能转变的问题时，李克强说，机构改革不易，转变职能更难，要把错装在政府身上的手换成市场的手，要有壮士断腕的决心，言出必行，说到做到，决不明放暗不放，避重就轻，更不能搞变相游戏。转变政府职能必须从改革行政审批制度入手，目前国务院各部门行政审批事项还有1 700多项，本届政府下决心要再削减三分之一以上。

练习2　十二届全国人大一次会议在京举行

中华人民共和国第十二届全国人民代表大会第一次会议，在圆满完成各项议程，产生新一届国家机构组成人员后，17日上午在人民大会堂闭幕。

会议号召，全国各民族人民紧密团结在以习近平同志为总书记的党中央周围，全面贯彻落实党的十八大精神，高举中国特色社会主义伟大旗帜，以邓小平理论、"三个代表"重要思想、科学发展观为指导，紧紧围绕主题主线，稳中求进，开拓创新，埋头苦干，扎实开局，全面推进社会主义经济建设、政治建设、文化建设、社会建设、生态文明建设、实现经济持续健康发展和社会和谐稳定，为全面建成小康社会、实现中华民族的伟大复兴而努力奋斗！

国家主席习近平在闭幕会上发表了重要讲话。他强调实现全面建设小康社会、建成富强、民主文明和谐的社会主义现代化国家的奋斗目标，实现中华民族伟大复兴的中国梦，就是要实现国家富强、民族振兴、人民幸福。面对浩浩荡荡的时代潮流，面对人民群众过上更好生活的殷切期待，我们不能有丝毫自满，不能有丝毫懈怠，必须再接再厉、一往无前，继续把中国特色社会主义事业推向前进，继续为实现中华民族伟大复兴的中国梦而努力奋斗。

练习3　十二届全国人大一次会议主席团举行常务主席第六次会议

十二届全国人大一次会议主席团常务主席第六次会议16日上午在人民大会堂举行。大会主席团常务主席张德江主持会议。

会议听取了十二届全国人大一次会议秘书处关于国务院副总理、国务委员、各部部长、各委员会主任、中国人民银行行长、审计长、秘书长的人选，十二届全国人大民族委员会、法律委员会、内务司法委员会、教育科学文化卫生委员会、外事委员会、华侨委员会、环境与资源保护委员会、农业与农村委员会主任委员、副主任委员、委员的人选酝酿情况的汇报。会议同意将以上各项人选名单草案提请主席团第八次会议审议。

练习4　近日，党的十八届三中全会《决定》提出，启动实施单独两孩政策。这是新时期我国生育政策的重大调整完善，备受社会关注。记者就该政策的出台背景、具体实施方案等读者关心的问题，采访了国家卫生计生委副主任王培安。

王培安介绍，进入本世纪以来，我国人口形势发生了重大变化。一是生育水平稳中趋降。我国总和生育率目前为1.5～1.6，如果维持现行生育政策不变，总和生育率将继续下降，总人口在达到峰值后将快速减少。二是人口结构性问题日益突出。劳动年龄人口开始减少，2012年比上年减少345万人；2023年以后，年均将减少约800万人。人口老龄化速度加快，2013年60岁及以上老年人口将达到2亿，本世纪30年代中期将达到4亿，占总人口的比例将从目前的1/7提高到1/4。出生人口性别比长期偏高，近20年来一直在高位徘徊，2012年仍高达117.7。三是家庭规模持续缩减。第六次人口普查数据显示，全国户均3.1人，较第五次人口普查时减少0.34人。独生子女家庭1.5亿多户，独居老人的比例提高。四是城乡居民生育意愿发生了很大变化。随着经济社会的发展和群众生活水平的提高，少生优生、优育优教的生育观念正在形成。

练习5　十八届三中全会已于12日下午闭幕。为期4天的全会听取讨论了习近平受中央政治局委托作的工作报告，审议通过《中共中央关于全面深化改革若干重大问题的决定》。

习近平将设立"国安委"放在长篇说明的第九个要点进行论述，阐述的内容主要是："国家安全和社会稳定是改革发展的前提。只有国家安全和社会稳定，改革发展才能不断推进。当前，我国面临对外维护国家主权、安全、发展利益，对内维护政治安全和社会稳定的双重压力，各种可以预见和难以预见的风险因素明显增多。而我们的安全工作体制机制还不能适应维护国家安全的需要，需要搭建一个强有力的平台统筹国家安全工作。设立国家安全委员会，加强对国家安全工作的集中统一领导，已是当务之急。"习近平还提到："国家安全委员会主要职责是制定和实施国家安全战略，推进国家安全法治建设，制定国家安全工作方针政策，研究解决国家安全工作中的重大问题。"

练习6　据凤凰卫视报道，日本防卫省统合幕僚监部16日发布消息称，当天下午一架中国的图—154电子侦察机飞抵钓鱼岛以北约150公里的空域，航空自卫队的战斗机紧急升空应对。这是防卫省首次公布发现图—154飞行的消息。防卫省正对中国在东海的活动保持警戒。

据称，中国电子侦察机经韩国济州岛以南的东海空域南下飞向钓鱼岛方向。

练习7　据美国《侨报》报道，1868年，美国宪法第十四条修正案通过，第一款即规定："所有在美国出生或在美国归化，并受美国司法管辖的人，都是美国公民以及其所居住州的居民。"140多年后的今天，越来越多怀揣"不能让孩子输在起跑线"信念的中国夫妇从中国启程，穿越大洋将新生儿诞生在地球彼端，实现他们的"美国梦"。

数据统计，2007年中国大陆来美生子只有600人，到2010年这一数字增至5 000人，而2012年来美生子人数远远超过1万。在怀孕妈妈们的狂热带动下，美国月子中心如雨后春笋般兴起。

三、语气、语调、语境、语势

1. 语气释义

《现代汉语词典》关于语气的解释：①说话的口气；②表示陈述、疑问、祈使、感叹等分别的语法范畴。"口气"的含义之一是"说话时流露出来的感情色彩"。如：严肃的口气，幽默的口气。

《辞海》关于语气的解释：通过一定的语法形式表示说话人对行为动作的态度，如陈述语气、祈使语气、虚拟语气。现代汉语用语气助词"的、了、吗、呢"等和语调表示各种语气。

以上解释明确了语气与情感态度有关，但它没有具体说明不同感情色彩是通过什么方式体现的，尽管《辞海》里还谈到了语调可以表示各种语气，但它把语气仅归为几类，如"陈述语气、祈使语气、虚拟语气"等，就显得简单了。

2. 语调释义

传统教学中有关语调的概念与解释：

《现代汉语词典》关于语调的解释：说话的腔调，就是一句话里语音高低轻重的配置。

《辞海》关于语调的解释：句子里声音的高低变化和快慢轻重。句子都有一定的语调，表示一定的语气和情感。如陈述句多用下降调，疑问句多用上升调等。关于对"语调"一词的诠释，两部辞书都谈到了声音形式，提出表达思想感情的某些声音因素。但是在谈到语调与思想感情的关系时，却显得过于机械。我们认为语调的概念不能满足播音语气概念的要求。

3. 播音中的语气

传统教学中播音语气的概念与解释：张颂先生在《播音创作基础》一书中指出："语气是思想感情运动状态支配下语句的声音形式。"（北京广播学院出版社，1990年3月出版，第96页）这个解释揭示了播音语气的内涵，突出了有声语言的特点，易于从有声语言形式及其思想感情依据两个方面去把握，对播音理论研究与实践来说，是科学的、恰切的，并具有很强的可操作性。我们可以从三个方面来认识和把握语气：一是具体的思想感情在语气中处支配地位，它是语气的灵魂。二是语气要通过具体的声音形式来体现。三是语气以句子为单位，也就是语气是通过一个个句子展现它的不同风采或个性特征的。

4. 语气与语境

传统教学中有关语气和语境的概念与解释：我们在前面说过，语气是以具体的句子为单位，应体现出"这一句"的个性色彩，但对于孤立存在的句子来说，其语气必是多样的，无法把握的。另外，不同的交流对象、交流方式等对语气也会产生影响。所以，我们在把握语气时，必须将语句置于具体的语言环境中，根据具体的语言环境来把握语气。总之，语气主要是由两方面构成：一是具体的思想感情，二是具体的声音形式，二者相辅相成。语气受具体的语言环境的影响、制约，只有在具体的语境中把握语气，语气才能准确。

语气中具体的思想感情包含两个方面，一是语气的感情色彩，二是语气的分量。它们是语气的灵魂。

（1）语气的感情色彩：传统教学中有关语气的感情色彩概念与解释：语气的感情色彩，主要是指"语句所包含的是非和爱憎"。是非是指态度方面的具体性质。比如：是赞扬、支持、亲切、活泼，还是批评、反对、严肃、郑重等等。爱憎是指感情方面的具体性质。比如是喜悦、热爱、焦急，还是悲伤、憎恨、冷漠等等，在把握具体语句的感情色彩时，应该做到准确贴切，丰富细腻。

（2）语气的分量：传统教学中有关语气的分量概念与解释：语气的分量是指"在把握语气感情色彩的基础上，区分是非、爱憎的不同分寸的'度'。强调语气的分量，就是要求我们掌握语气感情的分寸、火候，表达时不温不火，恰到好处"。语气的分量可以从两方面去把握：一是语气感情色彩本身的级差；一是外部相关因素影响下态度分寸方面的级差，二者融合在一起，共同构成了语气的分量。为了便于说明，我们将语气的分量分为重度、中度和轻度。

综上所述，语气的色彩和分量构成了语气的灵魂——具体的思想感情，在具体把握时，一要准确，二要鲜明，这是表现出来的语气是否具体鲜明、贴切深刻的关键。

（3）语气的声音形式：传统教学中有关语气的声音形式概念与解释：当我们把握了语气的思想感情后，就必须用一定的声音形式表现出来。我们不能停留在内心体验这一阶段，而一定要找到恰当的方法来体现具体的思想感情，对其载体——声音形式的构成要素进行具体分析。声音形式包括气息、声音、口腔状态三方面要素。这三方面多层次、多侧面的立体变化及多重组合构成了丰富多彩、千变万化的声音形式。

（4）语气色彩和声音形式：传统教学中有关语气色彩和声音形式的概念与解释：不同的感情色彩需要通过不同的声音形式来表现，在两者之间是有一定规律可循的，现对表现不同感情色彩，气息、声音、口腔状态的特点概括如下：

感情色彩	声音形式
爱的感情	气徐声柔：口腔宽松，气息深长。
憎的感情	气足声硬：口腔紧窄，气息猛塞。
悲的感情	气沉声缓：口腔如负重，气息如尽竭。
喜的感情	气满声高：口腔似千里轻舟，气息似不绝清流。
惧的感情	气提声凝：口腔像冰封，气息像倒流。
欲的感情	气多声放：口腔积极敞开，气息力求畅达。
急的感情	气短声促：口腔似弓箭，飞剑流星；气息如穿梭。
冷的感情	气少声平：口腔松软，气息微弱。
怒的感情	气粗声重：口腔如鼓，气息如橼。
疑的感情	气细声黏：口腔欲松还紧，气息欲连还断。

5. 语势释义

传统教学中有关语势的概念与解释：有声语言的表达是动态的，一个个字、一句句话从我们的口中流淌出来就形成了不断起伏的语流。思想感情的不断运动是语流曲折性的内在力量，口腔、气息、声音的丰富变化是语流曲折变化的关键。语流的曲折性和波浪式，是语气丰富变化的外部特征。我们用语势这个概念来说明语气声音形式的特点。

语势："指一个句子在思想感情运动状态下声音的态势，或者说，是有声语言的发展趋向。这中间，包括气息、声音、口腔状态三大部分。

传统教学中有关语势的种类：语流的曲折变化是丰富的，"语无定势"更说明了语势运用没有什么定律，但我们仍试图将语势的基本形态描述一下。为使大家对语势的曲折性能有直观的了解，以便能够在表达中自觉地运用它，使自己的语言更有变化，我们把有声语言的语势归纳为5种基本形态：

波峰类。声音的发展态势是由低向高再向低行进，状如波峰。

如："世界上没有花的国家是没有的。""花"就处于波峰的位置，句头、句尾的词略低。

波谷类。声音由高向低再向高发展，即句头、句尾较高，句腰较低，状如波谷。如："乔治·华盛顿是美利坚合众国的第一任总统。"

上山类。声音由低向高发展，即：句头最低，句尾最高，状如登山。不过，有时是步步高，有时是盘旋而上。如："让暴风雨来得更猛烈些吧！……"

下山类。特点是句头最高，而后顺势而下，状如下山。应注意的是它有时是直线而下，有时是呈蜿蜒曲折的态势。如："就在那年秋天，母亲离我们去了。"

半起类。特点是句头较低，而后呈上行趋势，行至中途，气提声止。由于没有行至最高点，所以称为半起。如："这到底是什么幻景呢？"

新论与提示：

我们认为，语气、语势在新闻播音的具体运用中并无本质区别，它们的核心要点可以归结为"用声时的情感控制"。一般而言，在播出小说、散文、专题片等艺术类作品时，感情融入最为强烈，语气起伏变化最为丰富。在播出单纯的时政类新闻（消息）作品时感情色彩平淡、客观而冷峻，少有鲜明的语气起伏变化。

思考与实训

练习1 8月1日，是全体解放军和武警官兵的节日。从阳光灼热的苏丹，到碧波万顷的亚丁湾；从迎来第一缕阳光的东海，到"万山之祖"帕米尔高原；从喧嚣热闹的北京街头，到人迹罕至的无名大山……四处闪耀着迷彩服、解放绿、海军蓝。不管在哪里，都有坚定的信仰、崇高的责任和默默的奉献；不管在哪里，都有火热的青春、传奇的人生和血与汗写就的激情乐章。

练习2　六一国际儿童节是孩子们的节日。在成年人的呵护下，让孩子们从中感受美好生活，快乐健康成长是这个节日的永恒主题。然而，如今的儿童节承载太重了。如，为了表示对儿童工作的重视，有关部门开庆祝会，领导长篇大论地讲话，无论是表演节目的孩子，还是坐在台下的孩子都成了陪衬。有的孩子明确地对家长说"最怕'六一'学校开庆祝大会！"孩子们有的为表演节目，提前几天排练；为迎候参会的领导，有的孩子要提前一两个小时到场排队等候。有网民批评，六一儿童节已经异化为成人"作秀"的节日。

练习3　元宵到，花灯闹。在福州三坊七巷，近2 000盏花灯点亮古香古色的老街巷，透出浓浓的节日氛围。全手工制作的莲花灯吸引许多台湾同胞驻足观赏。

登上西安古城，星灯交辉宛如天上的街市，灯火流光，在夜空中绽放千重繁华。在哈尔滨、天津、石家庄、郑州、沈阳等地，一组组花灯流光溢彩，让人流连忘返。在山东淄博，几近失传的"流星铁花"大放异彩，令人眼花缭乱。

在江苏徐州，一盏盏卡通味十足、憨态可掬的花灯吸引了不少孩子的目光。在贵州遵义、山东临沂、江西赣州、河北霸州，人们吹唢呐、唱山歌、打钱杆，感受院校的喜庆气氛，定格一个个美丽瞬间。

练习4　由中国文联、中国摄影家协会主办的《祖国边疆建设成就摄影展》今天在北京中华世纪坛开幕。130幅摄影作品展现了近十年边疆的发展变化和人民群众积极向上的精神风貌，体现了党和政府对边疆省区的高度重视和大力投入。

练习5　中新网南京11月16日电（齐书懿）　16日，在南京召开的中国新经济力量峰会上，美国著名投资家、量子基金创始人吉姆·罗杰斯说，19世纪属于英国，20世纪属于美国，21世纪将属于中国。会上，他对中国未来经济走向做了预测及展望。

在今天下午的中国新经济力量峰会上，罗杰斯摒弃了经济学家摆数据，说理论的演讲方式，采用自己的亲身经历现场解读了他对中国经济发展的看法。会上，他不仅表现了对中国经济未来发展的极大信心，还预测了中国经济发展方向。

练习6 美国国家安全局局长基思·亚历山大近日在发表公开讲话时称，"棱镜"揭秘人爱德华·斯诺登，可能向媒体泄露了多达20万份的秘密文件。在被问到美国当局采取了哪些措施阻止斯诺登泄露更多机密时，亚历山大回答说："我倒是希望有办法阻止它。斯诺登跟记者分享了5万至20万份文件。它们会源源不断地被曝光出来。"亚历山大补充说，这些文件"是以一种给国家安全局和国家利益造成最大损害的方式泄露出来的"。

据美国官员私下透露，政府内部的评估表明，斯诺登获得的秘密文件加起来有几十万份，调查人员认为已经可以确定其获取的文件范围，但目前仍然无法确定斯诺登将哪些文件泄露给了媒体。

练习7 "探索实行官邸制。"十八届三中全会决定中的短短几个字，如同吸铁石般牵动中国社会的神经，这个过去曝光率很低的词儿，瞬间成为社会热点。昨天，"中国特色官邸制研究"课题负责人——国家行政学院教授、中国行政体制改革研究会副会长汪玉凯向外界披露了一份上报中央的建议方案，就官邸制进行了详细阐述。

四、情感基调

情感基调释义：不同题材和不同类型的稿件的有声处理都会遇到情感基调的问题，或喜悦，或悲伤，或浓烈，或淡然等等。一般而言，新闻播音中的情感基调应以客观冷峻为主。

那么如何才能恰到好处地做到这一点呢？一般认为，可以从以下几点来把握。

第一，处理好与音高、音强的关系。播音中的音高是指对音节发声的高度，很多人容易弄混淆。事实上，两者之间是完全不同的两个概念：前者考量的是发声时的嗓音高度，相当于汽车的"档位"一样。人们习惯把每个人的音高分为高音、中音、低音三个层级，但在实际生活或工作中，人们的发声是以重音为轴线，音域处于偏高的位置。也就是说，大家日常的交流多数情况下是"偏高音"状态，极少用到高音与低音发声。

毫无疑问，多数情况下音高越高，音强会越大，但并非绝对的——我们都有这样的体会：当你把"嗓门儿"提高到最大限度的时候，发出的声音并不是最大的；而在特殊情况下，比如"低嗓门儿"怒吼的时候，这种状态下虽然音高很低，但音强并不小。

由此，我们便不难理解什么是音强了。音强指声音的强度，也就是发声时的力度。音强有虚实之说，发声时气息十足、饱满深沉即为实声；反之，气息轻柔、舒缓悬浮即为虚声。

一般而言，新闻播音要求声音饱满——也就是说音强充实；音高方面以偏高为主——也就是所谓的"语势常扬"。与此相对应的是，播音员在对散文、通讯、专题片等抒情类作品进行播音表达时，其情感是浓烈的，与新闻播音形成鲜明对比。

第二，处理好与语速的关系。我国广播新闻的语速走过了一个由慢到快的发展过程。有人做过统计：以中央人民广播电台的《新闻和报纸摘要》节目为例，20世纪60年代，每分钟播出约185个字；80年代，200～220字；90年代，240～260个字；近几年，每分钟250～270字。

根据受众的心理收听习惯，一般认为广播新闻的播音语速通常在每分钟220～250字较为合适；而在对散文、通讯、专题片等抒情类作品播音表达时的语速一般控制在每分钟180～220字。也就是说，前者的语速明显快于后者；相对较快的新闻播音语速客观上对情感的发挥与融入起到了限制作用，正所谓"感而不入"；与之相反，相对较慢的散文、通讯、专题片等抒情类作品的播音语速客观上对情感的发挥与融入提供了时长空间，更便于"尽情投入"。

下面，就采用不同类型例稿对比的方式来分别进行分析和体会。

例稿1（新闻）：

中新网消息：国务院总理李克强2号会见越南总理阮晋勇时表示，中越是近邻和重要伙伴，同为发展中国家，双方共同利益远大于分歧。

李克强阐述了中国在南海问题上的原则立场，指出双方应加强对话沟通，妥善管控分歧，力争把海上问题带来的挑战转变为合作机遇，为双方开展重大项目合作营造良好环境。

上面这条消息在播出的时候，播音员的音高应该"扬起来"。音强（气息）充实，语速节奏明快，感情色彩客观冷峻。

例稿2（专题）：

民间传说：天王金冠重达八斤，天王龙袍以金线穿缀织成，上面纽扣也是纯金镶嵌宝石。天王住在描金画银装饰而成的金龙殿，吃饭用的是金碗金筷，这些说法是否是真实的呢？我们来看当时一位英国翻译富礼赐的天王府见闻。"有一次拜访天王府，忽闻鼓声、钹声、锣声与炮声交作，以为出了什么紧急情况，随从告知，这是天王进膳的仪式。只见圣门半开，好些软弱可怜的女子或进或出，各提盘碗筷子及其他用品，以侍候御膳用。各种物品大都是金制的。天王似乎对金子有特殊好感，头戴王冠，以纯金制成，重八斤；又有金制项链一串，亦重八斤，他的绣金龙袍亦有金纽扣。天王每日用膳需二十四只金碗，而金筷子长近尺。浴盆也是金子做的，连净桶夜壶都是金子造的。"

这位外国翻译的记述是否是真实的呢？由于存世太平天国文物金银器皿极为罕见，我们只能依据其他日用器物的制作工艺水平，来了解当时真实的情形。这件绣龙马褂，是目前唯一一件传世的太平天国高级官员的礼服，做工极为精美。（选自中央电视台探索发现栏目《天国猎宝》上集解说词）

上面这段专题片解说词在播出的时候，播音员的音高应该"降下来"。音强（气息）需要虚实结合，语速较为缓慢，感情色彩浓烈，语气起伏变化较大。

思考与实训

练习1　上海世博会万场中外演出集聚全球艺术精华

新华网上海10月19日电（记者　孙丽萍、许晓青）　　上海世博会事务协调局副局长胡劲军在19日举办的第11届中国上海国际艺术节高峰论坛上说，中国2010年上海世界博览会规划有32块公共活动场地，在世博会期间将举办2万余场活动。目前，上万场世博会演出的内容已经确定，可谓集聚了全球艺术的精华。

中国剧目包括：海宝多媒体秀、皮影戏《三国演义》、少林功夫剧、武当功夫剧、景德镇"瓷乐"、杂技剧《茶》《我的梦》等。此外还有台北交响乐团的精彩演出。胡劲军说，中外演艺界跨国合作、为上海世博会定制演出的热情也十分高涨，中德合作杂技芭蕾舞剧《胡桃夹子》、中日合作舞剧《杨贵妃》、中日韩高中生音乐会等已经签订了演出合约。

练习2　吉林、内蒙交界发生4.7级地震

新华网北京12月21日电　据国家地震台网测定，北京时间2009年12月21日5时31分，在吉林省白城市通榆县、松原市长岭县、内蒙古自治区通辽市科尔沁左翼中旗交界（北纬44.5度，东经123.0度）发生4.7级地震，震源深度约8公里。震中距白城市通榆县约35公里，距通辽市科尔沁左翼中旗48公里，距吉林省长春市约200公里。

练习3　马英九指示确保两会商谈"安全、舒适、尊严"

据台湾《联合报》报道，海协会长陈云林今天中午将抵达台湾，两岸两会（海协会和海基会）第四次领导人会谈也将正式登场。马英九今天上午七点半亲自出马，在其办公室主持扩大舆情会报，幕僚昨天表示，陈云林来访的五天，马英九指示相关单位务必要做到"安全、舒适、尊严"三原则。

据台湾媒体了解，包括台当局安全单位、"陆委会""内政部""警政署""新闻局"、国民党"立法院"党团等相关单位都将出席今晨的扩大舆情会报，由"内政部"专案报告。

练习4　哈总理表示力争让在泰被扣机组人员获释

新华网阿拉木图12月20日电（记者　赵宇）　哈萨克斯坦总理马西莫夫20日表示，哈萨克斯坦正通过外交渠道与泰国方面进行谈判，力争让在曼谷被扣押的哈方机组人员获释。马西莫夫是当天在哈西部城市阿克托别视察时作上述表示的。他说，他已责成哈外交部尽快处理好此事，目前与泰国方面的谈判正在进行当中。哈萨克斯坦外交部20日称，哈驻泰使馆人员每天都去探望被扣押的哈方机组人员，给他们送去药品和食物。哈方机组人员在被拘禁的地方可以通过电脑查收家人的电子邮件，但不能进行回复。哈外交部新闻局还表示，针对被扣押的伊尔—76机组人员的第二次庭审已定于本月26日在曼谷举行。

练习5　央视网消息（新闻联播）：眼下全国秋粮自南向北全面开镰收获，农业部预测，今年秋粮丰收在望，加上已经增产的夏粮和早稻，全年粮食有望实现连续十年丰收。

这位正跟农机手比划的小伙子叫王灵光，还在读研究生的小王，目前是一家农业合作社的理事长，他带领大伙承包了18 000多亩地，科学种田，庄稼收成不错。

除了靠规模种植增加产量，今年主产区还大力推广新品种，确保秋粮丰收。

练习6 央视网消息（新闻联播）：中国共产党的优秀党员，久经考验的忠诚的共产主义战士，无产阶级革命家，我国政法战线的杰出领导人，原中共中央顾问委员会委员，最高人民检察院原检察长刘复之同志的遗体，9月1日在北京八宝山革命公墓火化。刘复之同志病重期间和逝世后，习近平、李克强、张德江、俞正声、刘云山、王岐山、张高丽、江泽民、胡锦涛等同志，前往医院看望或通过各种形式对刘复之同志逝世表示沉痛哀悼并向其亲属表示深切慰问。党和国家有关领导同志，前往送别或以各种方式表示哀悼。中央和国家机关有关部门负责同志，刘复之同志生前友好和家乡代表也前往送别。

思考与练习

1. 什么是语气？它包含哪两个方面的主要内容？

2. 为什么要在具体的语言环境中把握语气？

3. 结合自己的实际，运用语气理论，分析自己在语气方面存在哪些问题。是什么原因造成的？如何改进？

4. 语势的曲折性是由什么决定的？是通过哪些方面表现出来的？

5. 你存在固定腔调吗？造成固定腔调的原因是什么？应如何改正？

6. 语势运用中应注意什么问题？

第二章

广播直播节目

第一节　现场直播节目主持人的定位

"节目主持人"这一名称是由美国哥伦比亚广播公司的编导唐·休伊特提出来的。其英文为"Anchor"，是指接力比赛的最后一棒。引用为：在固定的新闻版块中的主播者。他在节目中处于主导地位，参与节目的策划、组织、串联、编辑，是节目演播阶段的指挥者和代言人。具有采、编、播、评议素质，参与制定选题进行现场采访，能够深刻地反映最新的有价值的信息。善于现场采访、敏于思考、提问议论。从某种意义上说，有无节目主持人是衡量一个节目是否成熟的重要标志，也是衡量一个传媒机构是否具备现代意识的标志。

一、节目主持人的模式化进程

节目主持人这一职业在中国广播电视发展史上起步较晚，但发展很快。如果说电视节目要"形神兼备，赏心悦目"，那么广播节目要"声情并茂，悦耳动听"，我国的节目主持人历经几代人的共同努力，目前已造就出以下几种模式：

（1）播报播讲模式：这种模式属于最简单、最直接的告知。

（2）串联模式：主持人投入节目进程，越来越多地从"播"中解脱出来涉足编导领域。以写好的串联词为主干，穿插活跃气氛，组织现场的即兴发挥，在发问、应对、串联、衔接、评说等节目流程方面力图调动受众的收听收视情绪，形成良好的互动关系。

（3）主持模式：广播新型制播方式中的热线直播，为采编播一体化创造了条件；既有利于节目的生动活泼，也有利于广播功能的综合开发。

主持人有时是有稿播音，有时是提纲加资料的无稿播音，为了增加节目的时效性，主持人大都用直播形式。在整个节目的主持过程中，主持人成为关注的中心，他的议论和态度直接影响着受众，从广播新闻版块节目编排组合上看，主持人有较大权力。

二、向往现场创造传播——节目主持人的终身定位

新闻事件的现场是最能展示节目主持人才情的地方，现场将是主持人拼搏的战场。它将击碎主持人所有不切实际的空想，让自己回归到实力上来。美国ABC名牌电视节目《午夜新闻》的成功在很大程度上就取决于主持人的临场发挥，新闻节目始终是美国各大电视网之间竞争最为激烈的节目之一。

主持技巧：

（1）做好直播前的准备：按必要的案头准备，写好提纲，将有关材料准备好，与导播沟通好（包括思想、心理、资料准备）。

（2）主持人以平等态度与听众交流，保持稳定良好的心态。

（3）正确把握好节目导向：主持人是节目的主导和灵魂。因为话语走向无法准确预知，所以要牢牢把握话语的主导方向，注意谈话的分寸感。另外要注意：评价要准确，说事要慎重。主持人不是权力机构，只是桥梁和纽带。

（4）在热线直播中注意磨炼即兴创作：语音规范优美，符合逻辑，反应迅速，预知话题走向。

（5）精心编串节目艺术技巧：话题之间过渡自然，衔接巧妙，匹配选材，过渡时

既对前一个话题做一个小节，又自然引入下一个话题，和谐自然。可听性强，结构严谨，风格浑然一体。

第二节　如何富有深度和思辨价值

一、直播节目的深度

把握直播节目的深度，要注意以下几个方面：

（1）深入现场采访，深入调查研究，掌握熟悉新闻事件的来龙去脉、前因后果。

（2）注重分析研究和评价，善于独立思考，提出真知灼见。

（3）参考社会独特观点，见解独到，有新意。

二、现场连线

现场连线有以下四种类型：

（1）社会热点问题讨论型。

（2）信息知识传播型。

（3）思想感情交流型。

（4）文化娱乐服务型。

三、现场直播连线的基本素质要求

（1）态度真诚热情，引发对方的兴趣，营造氛围。

（2）稳定健康的心理素质，保持镇定，反应敏捷。

（3）善于引导对方说话，控场能力强，善于倾听和应变。

四、直播节目策划

（1）基本概念：策划就是策略和计划。

（2）广播节目的策划：是指通过对材料的收集、主题的挖掘、节目的定位、内容的选择、方案的制订及主持人风格等的策划，创新节目的系统过程，它是一个创造性的积极的思维活动，是一种积累、阅历、经验、借鉴等综合运用的结果。

（3）策划的12个基本问题：

①节目名称。

②你是怎么想到要策划这个节目的？（具体理由）

③节目内容属于生活的哪个范畴？

④你的节目将从哪个角度进行创新？

⑤节目形式有什么特点？为什么这样创意？

⑥你的节目能被听众喜爱吗？为什么？

⑦节目时长。

⑧如何安排播出？

⑨需要的内容从哪里来？

⑩需要几名主持人？如何配合？

⑪设计的片头和宣传语是什么？背景音乐是什么？

⑫市场定位是什么？能吸引哪些赞助商？

五、创新能力的培养（创造性思维）

（1）从相反的方向看问题。

（2）向外人征求对自己目标的看法，"他山之石，可以攻玉"。

（3）像孩子一样的思维。

（4）锻炼联想力（挑出一些词语，锻炼你的思想）。

第三节　直播中的采访

1. 采访的定义

新闻从业人员为新闻报道而进行的访问、观察、调查、分析的一种业务活动。

2. 新闻线索

新闻事实发生的一种信号和征兆，反映新闻事实的简略轮廓或片断。新闻线索是记者追寻新闻的方向和依据。

3. 新闻线索的主要来源

（1）记者本人的观察和积累。

（2）编辑部的报道提示或报道任务。

（3）有关会议、文件、简报或有关政策和领导人讲话等。

（4）来自受众的信息。

（5）从其他媒介获得的信息等。

4. 采访的特点

现场采访不仅仅是采集各种素材的过程，同时也是对这些素材同步加工的过程，一次完成，没有弥补和重来的可能。

5. 采访的准备

1）掌握被采访对象的背景情况，包括工作、年龄、学历、成就、影响，尽可能找一些有关的作品、论文、评价来参考。

2）设计提问问题：

（1）提问要紧扣主题，简要具体，把大问题化成若干小问题。

（2）提问对方熟悉领域的问题。

（3）所设计的问题应是听众最关心和最想知道的。

（4）把握好提问时的分寸感，也就是度——表示事物一定数量和质量的界限。

（5）为了保证采访需要，多设计一些问题，以供挑选。

（6）平时注意收集资料，建立起自己的资料库。

3）采访技巧：

（1）寻找与被采访对象的心理沟通点（先有一个共同话题，要善于套近乎），从这里引起话题。

（2）灵活多变的提问方法：

①直截了当的提问：适宜于领导和很健谈的人。

②抓住热点提问。

③一针见血式提问。

④求教式提问。

⑤迂回式提问。

⑥发现新鲜点，及时追问。

（3）开放型问题：指记者仅提示某一话题或访谈的范围，让采访对象自由发挥、畅所欲言，如"您对这件事有什么看法?"等。对于社会经验丰富、善于表达的采访对象，或访问渐入佳境之后，可适当采用开放式问题。

（4）闭合型问题：需要采访对象明确回答的特定的具体问题，甚至有的只需要回答"是"或"不是"，如"这件事是什么时候发生的?""您看到他是拿着枪吗?"等等。闭合式问题适合挖掘典型的情节、细节和核实材料，对于不善言辞的采访对象或访问的初始阶段，可适当采用闭合式问题。

（5）恰当地控制场面：既要调节气氛，又要控制时间；注意倾听及时反应，随时纠正偏离主题的话题，学会概括对方谈话的要点，重复重要的或精彩的观点，补充对方没讲全的问题，按照设定的程序走下来。

第四节　直播现场报道

一、基本概念

主持人或记者在事件发生的现场，一边观察、一边聆听、一边述说、一边评价的一种广播报道形式。一般采用直播报道的形式。

什么样的题材适合于现场报道呢?

（1）事实引入，新闻事实发生的现场必须有较强的新闻性。

（2）场面集中，新闻事实单一而有层次，展开的场面比较集中、明确，便于记者现场观察、采录和述说。

（3）正在发生，新闻事实处于"现在进行时"中。

（4）音响典型，新闻现场具有能说明新闻事实的典型音响。

（5）可以进行公开报道，不涉及保密等问题。

二、大型现场直播节目的主持

大型现场直播节目是广播节目的特殊类型，虽然就所占的时间比例和频次来说，并不 是广播节目的主流，但影响巨大，彰显了广播作为主流媒体的地位和影响力。传统广播日常节目的类型化编排、栏目化运作、固定的时长、固定的主持人、相对固定的形式便于受众养成收听习惯，但广播的大型现场直播节目打破了这一界限，实现了跨栏目、跨频率、跨媒体、跨地域的节目覆盖。大型现场直播节目因为节目内容的复杂性和直播过程中的偶然性而对主持人提出了更高的要求。

（一）明确节目主题，深化意义

广播的大型现场直播节目通常分为这样几种：

1. 新闻类大型现场直播节目

这类节目是特殊广播节目的主流，如香港与澳门回归、三峡工程大坝竣工、青藏铁路贯通等重要的事件，都成为广播的大型现场直播节目最重要的主题。这样的大型直播节目需要遵循新闻节目的策划与创作原则，对新闻的事实以及重大的政治意义深入挖掘。

2. 大型现场直播

这一类的现场直播通常也会结合某一个新闻事件或重要时间点来深化主题。如贵州广播电台2018年5月于六盘水市人民广场举办的"浩瀚六百年·激荡新贵州——三线那些人和事"广播大型直播活动，这场时长为90分钟的节目贯彻落实中央政治局常委、全国政协主席汪洋在贵州考察时对"三线企业""三线城市"提出"要更加解放思想"的指示精神，大力弘扬"不怕困难、艰苦创业、艰苦奋斗"的三线精神，以实际行动纪念贵州建省600周年。在一些特定的传统节日、关键纪念日，广播电台通常也会安排大型的直播节目。广播还会针对高考等与受众生活相关的重要事件，开办大型服务类直播节目，帮助听众了解学校资讯、报考和录取的相关信息。

3. 文艺类直播节目

广播也会针对金曲排行榜的颁奖、音乐会、慈善义演等大型文艺活动组织大型的直播活动。

因为超越了栏目的设置，所以主持人对主题的把握格外重要。无论哪一类的大型直播节目，主持人都需要牢牢把握主题并不断深化，在直播的每一个环节中有序地推进主题，凸显直播活动的意义。

（二）直播要突出现场感

现场在哪里？广播大型现场直播活动和电视直播不同，通常会有多个现场空间，用无线电网络、电话线和互联网将多个现场连接起来。大型直播节目会有一个主现场，主现场或是在广播电台的直播室，或是新闻发生地的临时直播室及转播车中，在主现场的主持人要把握整个节目的脉络和节奏，并与多个分现场的主持人和记者进行交流。主现场的主持人需要用语言通过对时间点的强调，体现现场直播稍纵即逝的感觉，增加受众收听的珍惜感，找到直播节目的特殊魅力。分现场的主持人则需要通过对现场的状况的描述来帮助受众实现现场感。

中央人民广播电视总台于2018年"两会"期间推出特别节目《春风起神州》，即以室内直播的形式，实况转播大会的主要进程。节目以主持人在直播间的播报以及与嘉宾的谈话为主，穿插记者连线、录音采访、录音报道等内容。但室内直播不像户外直播那样有观众的参与和互动，因此节目的现场感主要靠记者连线做现场报道来体现。在直播间里如何突出直播的现场感，成为主持人的首要任务。主持人的情绪是影响受众收听效果最主要的一个因素，主持人只有保持稳定的情绪才能够产生直播节目的现场感。例如，当主持人说"欢迎收听中国之声两会特别直播《春风起神州》，今天全天主题是：政协开幕。我们一起来回顾政协工作五年来的变化，展望政协18年的新任务"时，虽然主持人此刻并不在政协会议开幕的现场，但他的情绪应该和直播内容相符合，让受众似乎也对未来充满了展望和期待。另外，在语言方面，主持人应不间断地重复一些词汇如"我们正在直播的是""您正在收听的是""刚才已经发生了"等来强化节目的现场感。

（三）直播内容应突出广播特色

广播的直播与电视不同，声音是无法展现大型场面的视觉细节的，因此广播的大型节目应该突出广播的传播特色，扬长避短。

广播的大型现场直播节目应该多提供现场的音响，用生动的背景声和可以展现细节的声响来增加节目声音元素的丰富性。每一个现场的报道者和连线的主持人对自己所看到的情景都应该加以生动有趣的描述，对现场的描述不仅要遵循一般的新闻原则，而且应该结合广播的实际，多使用生动的形容词和修辞手法，变看不到的现场为可感受的现场。

广播核心的竞争力是"人"，"人"永远是广播内容传递的主角。不论什么主题，不同的人使节目呈现不一样的特色。这里的人不仅仅是播音员、主持人，还包括现场的记者、事件的亲历者、现场的目击者，广播节目可以通过形形色色的人的故事来表现主题。

如贵州广播电视台"三线那些人和事"的直播就按照历史沿革、时间推移和空间转换进行，全程直播由"峥嵘岁月忆往昔""沧桑巨变话今朝"和"豪情满怀展宏图"三大版块组成。直播以第一代"三线人"首钢水城钢铁（集团）公司退休干部徐春刚，第二代"三线人"首钢水钢职工闫建新，第三代"三线人"首钢水钢职工游翔以及"三线精神"继承人、80后创业者、代表六盘水黔丰农业发展有限公司董事长周明辉等人的故事为主线，以新闻、戏剧等形式，全面反映六盘水"三线建设"时期的感人故事，多角度反映"三线城市"六盘水的变化，展示了城市的发展成就。这样的设计避免了主题先行带来的枯燥感，用真实的细节生动地再现主题。

（四）打破媒体局限，实现"广播+"

广播虽然不能呈现画面、展现细节，但互联网可以实现和弥补这一功能。新的广播大型直播节目要实现"广播+"，就要通过移动网络的社交应用实现画面和声音的传回参与，通过网站与受众进行更丰富的互动。新疆人民广播电台929私家车广播2014年11月举办的大型新闻直播节目《新疆高铁开启丝路新时代》就创造性地运用微博、微信等社交应用增加节目的细节。珠江经济广播电台更是广播改革的先锋，他们明确提出"广播+"，将广播节目拉到现场，通过视频传播、现场互动等形式来创造广播传播的新方式，得到受众的欢迎。

另外，广播还有另一个电视无法比拟的优点，就是低成本运作。多个现场的连线可以依靠电话或者网络来实现，所以广播的现场应该增加报道的点，更多地打破空间的束缚来实现对接，同时，节目在直播过程中要增加普通人的声音，避免受众因为长时间地收听主持人的声音而产生听觉疲劳。

（五）精心策划脚本并进行实际演练

直播脚本是大型直播节目的依据和基础。脚本质量的好坏，直接关系到整台移动直播的成败和播出效果。在每个环节中，如何深化主题，谈论哪些具体内容，都应该在脚本中得到体现。直播脚本既要务实，也要务虚。务实是紧紧围绕主题，增加信息；务虚则是平衡受众收听紧张程度，增加让受众放松的内容和适当的娱乐内容，注重节目的人文情怀。现场直播充满了偶然性，为确保万无一失，策划和创作大型直播节目的脚本需要注意的是不能闭门造车，必须要到实地观察演练，避免策划的环节无法实现。

（六）制作预案，防止突发事件

直播的当天，可能会因为节目的影响力而使大量的人员聚集，大型户外直播节目应设立应急预案，在突发事件发生时能够得到有效的处理。另外，要准备预选的第二现场，避免直播中的不可抗事件。在直播之前，还要按照直播节目的要素准备好节目片头、台呼、片花、音乐等相关内容。只有做好每一个细节，节目的直播才能顺利进行。

新论与提示：现场报道的特征

① 现场感是现场报道最主要的特征。主持人在新闻事件的现场边看边说，直接完成采、编、播。主持人首先要交代新闻事件的地点、时间、人物，接着要对现场的客观环境、活动场景进行生动形象的描述，并随着新闻事件的发展，继续向听众介绍发展情况。特别应注意的是如果地点、场景发生了变化，一定要加以说明，同时要随时采访一些事件中的有关人物，对事件发展加上适当点评。主持人自始至终都应以最快的速度向广大听众提供现场的新闻动态，使听众有身临其境的感觉。

---

② 注意展示现场音响，为烘托表现现场主体服务。

③ 注意场面的集中性。

④ 在现场注意及时抓取背景和人物的典型特征，善于发现新鲜点。

三、现场报道的言语

现场报道的言语，置身现场，以描述为主。说画说景，现场观察、现场解说、现场采录或传输。应该把听众带入现场，使他们感觉到现场所发生的一切（目、鼻、耳、口、心）。

（1）符合时空的要求：导盲作用，来龙去脉交代清晰。

（2）要有色彩感。

（3）要有节奏感（符合氛围，有动感）。

（4）让现场音响衬托。

四、通讯播音

通讯是新闻报道性体裁，所以首先要善于理解一篇通讯的新闻价值及所包含的信息、知识。

（1）播的内容新鲜，饱满、生动而有兴味。

（2）通讯播音总体比新闻播音口语自然，像和听众热情、诚恳述说采访见闻那样进行报道。通讯播音比新闻播音语言节奏从容、舒展。因此应避免念稿，避免节奏快、赶。

（3）在掌握通讯结构的基础上，做到表述事实脉络清楚、层次分明。

（4）吸收民间讲故事的招数，注意标题开头展开部分及结尾之间的照应关系，播得新鲜、生动、深刻感人。

思考与练习

1. 简述广播新闻节目的主持与采访的关系。

2. 如何做好节目策划？

3. 什么是现场报道?

4. 根据以下材料设计一个连线节目,事先对连线的选择和问题设置进行策划。

2003年12月26日,当地时间5点26分,在伊朗的巴姆发生大地震,大约3万人死于这次灾难。地震发生后48小时,中国的救援队赶到伊朗进行救助工作。

5. 自选一篇通讯稿件,做一期节目。

第三章

广播社教服务类节目主持

第一节　概　　述

一、广播社教服务类节目的概念与特点

广播社教类节目是个非常复杂的类型，它几乎涵盖了广播节目中除了新闻类和综艺娱乐类之外的所有节目类型。社教类节目的名称来自社会教育，以社会教育为宗旨的节目便可称为社教类节目。实际操作中，那些具有社会性和教育性的节目包含多种类型：知识类、服务类、教育类、经济类、理论类、法制类、科技类、谈话类等。社教类节目又可以因收听的对象不同而划分为女性节目、少儿节目、老年节目、农村广播节目等。在广播播出的节目中，社教类节目占了很大的比重，不仅广泛存在于综合性的广播频率中，很多电台还专门开设频率来进行有针对性的社教类服务。目前已经开设的频率有：交通频率、生活频率、教育频率、法制频率、女性频率、少儿频率、青年频率、老年频率、乡村频率、都市频率等。社教类节目一般均为主持人节目，有个别知识类小版块由播音员播讲，部分讲座式的教学节目由播音员串联或无人串联，这部分节目所占比重较小。虽然社教类节目的类型复杂多样，节目的构成方式与主持风格也大相径庭，一些节目类型还有综合交叉的特点，但总体说来，这类节目在内容

编排和主持方式上还是有一些共性的。

第一，内容具有时新性、专业性和趣味性。获得信息是受众利用媒介的重要目的，与新闻类节目提供时效性强的信息和评论类节目提供意见性信息不同，社教类节目提供具有更丰富细节的内容信息和更专业的有针对性的信息服务。虽然时效性不用像新闻节目那么强，但社教类节目的信息也必须具有时新性的内容，老生常谈的内容不会引起受众的兴趣。一些社教类节目的主持人把网络上找来的知识不加处理，直接播出，必然不会有好的效果。主持人应就所传达的信息找到能体现时新性的点，以此为突破口来进行传播。主持人所提供的信息还要具备专业性。在一些专业性的节目中，如财经节目、法律节目等，主持人专业知识的缺乏会导致说外行话，使传播的信息不明确，但这也并非是让主持人成为真正的专家学者，毕竟适合大众传播的专业知识有限，主持人要做到的是深入浅出，将复杂深奥的专业性知识用普通人能听懂的语言表达出来。最后是信息的趣味性，接收教育性信息并不是让人十分愉悦的事情，如何寓教于乐，增加娱乐性元素，让节目更具有可听性也是主持人需要精心策划的。

第二，服务具有针对性和对象感。当新媒体把受众变为"用户"，广播的媒介功能也在由传播内容向提供服务转变。广义上讲，所有的广播节目都应具备服务意识，为受众提供满足其使用媒介需求的服务，对于社教类节目尤其如此。社教类节目已经被细分为以适应广播不断进行的窄播化和分众化，在新媒体与传统媒体的不断融合的趋势下，未来的社教类节目可能更趋向小众化和碎片化。这样的变化要求社教类节目的主持人所提供的服务必须更具有针对性，针对目标人群设置内容，根据传播对象接收信息的特点选择结构方式。

虽然社教类节目中已包含了对象性节目，但对象意识指的是主持人在思考和策划节目的过程中，始终做到从受众出发，为受众服务，在主持节目的过程中注重与受众的交流，语言风格的运用更要强调对象感。

二、广播社教服务节目的历史渊源与发展

中国的广播社教节目，发端于中华人民共和国成立以后广播电台开办的教育性节目。当时，党和国家需要对全国人民进行思想政治教育，提高人民的政治觉悟、知识

水平和业务能力。人民广播电台具有最广泛的群众基础，最适于承担这个重要的任务，所以当时的广播教育性节目内容丰富，大致有理论学习节目、为特定对象开办的节目、知识节目和教学节目等几类。

广播社教节目是我国在特定历史发展时期的产物，在中华人民共和国成立初期以及以后相当长的一段时间里，都有明确的定位、方针、传播目的和传播对象，并在广播节目中占有重要地位，发挥了重要作用。经过社教工作者几十年的探索、开拓，广播社教节目的对象性、专业性、辐射面、知识性、政策性及可听性都有了很大发展和提高，许多节目在听众中有极大的影响力和极好的口碑。

同时，我们也要认识到，广播社教类节目是历史的、现实的、发展的、变化的。广播社教类节目的传播方针一直都在随着社会发展的现实情况而不断调整和改变。在广播飞速发展的今天，随着传播观念的改变、传播技术的进步，广播节目从传播手段、传播方式到节目形态、节目内容以及语言表达样式都在发生着深刻的变化。在某些节目的分类上，则出现了交叉和模糊的现象，我们已经很难从类别上对其进行清晰和严格的划分了。因此，关注广播实践的发展，了解广播节目发展的态势、走向以及规律，以广播社教节目为桥梁和载体，从策划、采访、编辑、撰稿、播音主持等多方面培养训练学生作为广播节目播音员主持人应具有的核心能力，似乎应该成为我们下一步的目标和努力的方向。

三、社教服务类节目主持基本要求

社教类节目的内容十分广泛，一般分为教育性、对象性、服务性等类别，多采用谈话方式主持、演播式访谈主持、热线电话参与等。一般要根据个人知识结构和能力分类主持，要求主持人掌握相应的主持方式。

1. 节目的串联

通过语言、音乐、片花、广告等方式实现。

2. 节目形式的多元

（1）单纯播报。

（2）连线现场播报。

（3）信息杂糅：有趣话题、音乐、笑话。

（4）版块呈现："都市六人行"——新闻播报、晚餐指南、天气预报、旅游信息、笑谈娱乐风云、我为运动狂等。

3. 主持人的互动能力

（1）服务意识：切忌游离主题的过度发挥。表述清楚、时刻承担梳理信息脉络的责任。

（2）重点意识：梳理听众反馈、找准关键点。

（3）趣味意识：用风趣的语言表达，形式上，注意语气、语调、声色的变化；内容上，巧妙应答，恰当运用幽默、夸张。

四、社教服务类节目策划

所谓广播节目策划，是指对广播节目整体性和未来性的一种策略性地规划，它包括从广播节目的构思、分解、归纳、判断，到拟订计划、实施方案、事后追踪和评估的整个过程。广播节目策划的内容比较复杂，准确地说，我们通常所指的广播节目策划应该是有狭义和广义之分的。

狭义的广播节目策划是指在栏目宗旨已经明确的情况下，对一期具体节目作品的谋划，比如我们怎么确定节目选题、怎么选择节目嘉宾等。

广义的广播节目策划是指在一个广阔的范围内，在没有发生范例的前提下，从无到有的一个思维过程，一般指的是从频率或栏目的开办、设置、定位、包装到具体节目的制作、播出和播出后的评估等整个过程，包括节目策划、栏目策划、频率策划三个层面。

（一）广播节目策划的目标

广播节目策划的目标有三个层次：

（1）对一期具体的广播节目而言，策划的目标就是要实现节目的精品化、思想深刻、艺术精湛、制作精良、社会效益好。

（2）对于一个栏目，我们策划的目标则是要做到栏目的个性化。所谓栏目的个性化，就是指一个栏目要拥有自己独特的传播内容和表现形式，进而拥有自己独特的风格。

（3）对于一个频率，策划的目标则是要打造频率的专业化。所谓频率的专业化就是要有特定专业性的内容、面对特定服务对象播出的频率。这种频率由于专业性强，所以往往都有着非常鲜明的风格和主打内容，具有较强的统一性和独特性。频率专业化是现代广播发展的重要趋势。

（二）广播栏目策划

一个广播栏目的策划和设计主要有九个环节的内容：栏目宗旨、栏目定位、栏目选题、栏目版式、栏目名称、栏目长度、播出时段、栏目风格样式、制作人员。

1. 栏目宗旨

栏目宗旨就是指栏目的目的、任务和要实现的目标，它是一个栏目核心价值的集中体现，也是栏目的灵魂所在。它的策划设计水平将直接影响一个栏目的生命力和可持续发展。

例如：

《今日说法》栏目重在普法、监督执法、推动立法。

《艺术人生》栏目的目的、任务是用艺术点亮生命，用情感温暖人心，探讨人生真谛，感悟艺术精神。

《中华医药》栏目的目的、任务是关爱生命健康，服务全球华人。

《新闻观潮》栏目的目的、任务是站立时代潮头，透视新闻是非，感受心灵的碰撞和思想的火花。

《资讯早八点》栏目的目的、任务是以多种方式，迅速、及时地报道各类实用新闻资讯。其栏目设置有《房产资讯》《财经资讯》《汽车资讯》《旅游资讯》《教育人才资讯》《文化娱乐资讯》《环球资讯点击》《天气资讯》《路况资讯》《百姓生活故事》等。

2. 栏目定位

广播栏目的定位主要包括两个方面：内容定位和对象定位。

《神州夜航》是原中央人民广播电台中国之声著名的一档夜间互动节目，播出时间是每天晚上22点到23点。该栏目主要以在校大中学生、中青年从业人员、进城务工者等社会压力群体作为主要的收听对象。这类人游走于城市的各个角落，生活状态并不太好，夜深人静的时候往往会感到比较迷茫和寂寞，所以会经常听广播。

中央人民广播电台《经济之声》虽然从名字上看好像是针对所有关注经济的听众，但实际上它在创办时就是针对具有高学历和中高收入的商务人士。这个阶层的购买力很强，而且往往具有决策权和管理权，影响力较大。

原中央电视台财经频道的《对话》每周一期，一期60分钟。由于这个栏目是专门针对经济领域的高端人士播出的，所以社会上曾经有人把这个栏目戏称为三高，或者称为"富人秀""成功者的论坛"等等。在2004年，《对话》这个栏目的收视率经过调查只有0.1%，在整个经济频道中居于倒数之列，但由于该栏目观众的品位很高，它一年却能赚4 000多万元。如果以分钟创收率算的话，这个栏目在整个经济频道中排正数第一。

3. 栏目选题

广播节目的播出具有连续性和周期性。所以，我们在策划一个专题栏目时就要考虑到选题方向和可持续性问题，比如选题从哪里来？是从新闻中来还是从生活中来？这个方向是否有足够的选题来源？还有选题本身又是否有时效性、可议性？

《东方时空》创办不久后就曾在选题方面出现过一些问题，比如《东方之子》刚出来的时候考虑到明星效应，推出了很多演员和明星，但很快遭到否定；想采访政要，又遇到不少难点；想采访科学家，又觉得太枯燥。所以，《东方之子》虽然从单个节目上看是非常出色的，但这种日播节目运转时间长了，选题就逐渐陷入枯竭。所以，《东方之子》最后采用了两种办法来解决选题枯竭的问题。

有主题，就是指批量的节目在一定时间内保持同一主题、同一内涵，抓住一个特点就连续推出。成系列，就是一个点一个点按同一主题推出来，一个阶段里保持持续的轰动效应时间久了，就会给听众一种刻板印象。正是在这么一种思路的指引下，后来的《东方之子》就推出了像著名学者访谈、名牌大学校长访谈等系列节目，这才大大缓解了选题的枯竭问题。

4. 栏目版式

栏目版式有通版式、杂志型、大时段式、滚动式几种情况。

（1）通版式：所谓通版式，是指在节目时长、标识统一的前提下，每期节目相对完整，栏目内不再进行版块分割。如《新闻和报纸摘要》。

（2）杂志型：杂志型是指栏目内按照节目内容、性质分割为几个小版块，共同构成栏目。以前《神州夜航》这个节目就可以分为很多版块。

（3）大时段型：大时段型版式是指将性质相似、相近的栏目组成一个较大的时段，但各个小栏目既相对独立、又有共性，在栏目包装、串联上互相照应、统一。

（4）滚动式：所谓滚动式，是指以半小时或一个小时或更长的时间为一个单元，滚动性播出节目。中央人民广播电台中国之声每逢半点和整点就有半点新闻和整点新闻，这实际上就是一种滚动式的栏目版式。

5. 栏目名称

栏目名称作为一个栏目的身份标识，对栏目是非常重要的。一个好的栏目名称不仅可以使听众印象深刻，而且还是栏目形象的重要组成部分。

好名称的标准：

（1）名实相符，如《相伴到黎明》。

（2）新颖不俗，有新意，如《市民与社会》。

（3）简洁易懂，如《晚报浏览》。

（4）响亮和谐，朗朗上口，如《早报早读》。

（5）形象生动，能体现节目的诉求，如《一路畅通》。

6. 栏目长度

我们应根据节目的性质、内容和预计节目给听众带来的疲劳、兴奋和轻松程度，来规定栏目占用时间。栏目占用时间根据具体节目类型应有长有短，但总的来说应以短为主。新闻类栏目由于信息量较大，容易引起听觉疲劳，所以要尽量简短一些，一般10分钟左右，即使比较重要也不要超过30分钟。音乐类节目由于欣赏性比较强，可以有效缓解听众的疲劳，所以时间可以长一些。总之，语言较多的节目时间以短为好，而像音乐、音效比较丰富的这类节目时间可以稍长，但也不宜过长。除此之外，时间长度的确定还要考虑节目内容的因素，比如谈话类节目虽然语言较多但不宜过短。总的来说，20到30分钟是比较理想的。

7. 播出时段

广播栏目的播出要讲究内容和时段的完美结合，栏目播出时间恰当与否对传播效果影响很大。所以，对栏目的播出时间应认真考虑，精心设计，使之符合收听规律。总的来说，我们主要是根据听众的生活习惯、作息时间、收听规律和栏目本身的内容来确定栏目的播出时段。

8. 栏目风格样式

栏目风格样式是指栏目在整体上呈现出来的一种风范、格调和气派，它是栏目形象的重要组成部分。栏目的风格是一个栏目的个性和魅力所在。

9. 制作人员

广播栏目制作人员包括主持人、编辑、导播等人。对于这些栏目制作人员，我们一定要注意各有职责，分工明确。除此之外，还有三个方面需要注意：选择合适的主持人，组建一个策划团队，确定栏目运作方式。

（1）主持人的选择：主持人是栏目的中心和灵魂。所以，主持人不仅要求声音要比较好听，而且要有一定的主持经验和学识素养。除此之外，主持人的主持风格最好要能适应栏目风格。

北京交通广播有一档名牌栏目《1039服务热线》，这个节目在开播不久时曾经由两位女主持人主持。而作为一档以提供汽车、道路信息和知识为主的服务节目，女性的主持特点和这方面的知识水平一般比较难达到听众期待的理想水平。因此，节目的交通服务特点不突出，收听率也不高，但是后来两位男主持人王为和高潮东接手后，不仅给节目带来了与节目定位更为和谐的阳刚、幽默气息，而且丰富的汽车、道路知识也为听众送去了更为及时的服务，并形成了《1039服务热线》独特的节目风格，赢得了较高的收听率。

（2）组建策划团队：广播节目的播出具有连续性和周期性。从长远角度出发，广播栏目应该有一个专门的策划团队，其职责就是对节目制作进行精心的策划。

北京交通广播的著名节目《一路畅通》是一档在每天交通高峰时段播出的，融路况信息、新闻资讯、生活提示、话题交流为一体的大型直播互动节目。这个节目之所以收听率这么高，表面上看上去好像是因为它能够满足交通高峰时段人们对路况信息的需求，而且节目形式比较轻松活泼，主持人比较有魅力，但实际上最根本的原因是它背后有一个强大的专业策划团队。以这个栏目的主持人为例，该栏目现在一共有六位主持人，三男三女，相互配对播出，比如顾峰、王佳一，李丽、杨阳等。而在这六位主持人中，每个人都有着自己不同的性格、教育背景、世界观和价值观，所以听众每天都可以听到不同的主持风格和精彩，三天不重样。结果对长期收听的听众来说，这就大大增加了节目的新鲜感。同时，又可以在一定程度上避免众口难调的现象。就像一句广告词说的：总有那么一款适合你。

（3）确定栏目的运作方式：目前，广播栏目的运作方式大概有两种，即编导核心制，主持人核心制。不管采用哪种运作方式，都要保证栏目能够有效、高效地播出。

（三）广播栏目的包装设计

在介绍了栏目策划之后，我们为了方便听众识别、认知本栏目和进行形象宣传，还需要对广播栏目进行包装设计，比如确定栏目的名称、口号和主题曲，制作栏目的片头、片花等等。只有进行了包装设计之后，才能开始制作具体的节目。

1. 栏目包装的四大原则

在正式包装设计之前，我们首先需要明确栏目包装的四大原则：

①听众为上：始终要以听众的意愿为中心。

②统一性：各个环节、要素都要统一于一个栏目理念和形象。

③简单明了：保持包装形式的简单化而求得明了的包装风格。

④独特主张：独特的设计与思想内涵往往能够引起听众的注意。

很显然，策划者要遵守这四大原则，其前提就是必须经过充分的调查研究，去了解目标听众在包装设计上的偏好和研究竞争对手的包装范例。在这个基础之上，策划者才能结合本栏目的宗旨理念去进行有创意的、独特的栏目包装设计。

在明确了广播栏目包装的方向之后，我们就可以在以下两方面进行广播栏目的包装设计——在播包装、离播包装。

2. 在播包装的实施

广播栏目的在播包装是指广播节目宣传组合中不包括节目内容本身的音频宣传部

分。这种音频宣传是栏目利用自己的频率资源展示品牌形象的行为。它包括三部分：栏目名称、栏目口号、栏目的片头和片花。

（1）栏目名称的包装

①时间：利用栏目的播出时间命名，有助于听众形成习惯，如《午间半小时》。

②节目诉求：利用栏目的诉求点或听众利益点作为节目名称，如《一路畅通》。

③主持人的名字：将主持人的名字和节目内容相结合，有助于建立主持人的个人风格与节目的独特性，如中国广播电视总台国际在线节目《阿布说网》，阿布就是指主持人。

④节目内容：将节目内容直接告知听众，简单明了，方便听众识别，如《广播剧场》《小说连播》。

⑤形象比喻：将节目的播出效果与诉求点用听众熟知的事物来比喻，以收到形象化、趣味十足的效果，如《清晨麻辣烫》。

⑥谐音联想：用谐音俗语或成语引起听众注意，如《E谈到底》。

（2）栏目口号的包装

栏目口号是指广播节目播出过程中用来告诉听众广播栏目名称以及内容规范的宣传短语。它往往结合栏目的名称、呼号和片头一起使用。其作用是为了强调栏目理念，进行形象宣传。栏目口号也是广播栏目形象的重要组成部分。例如：

《一路畅通》："路况发布及时权威，新闻传递准确快捷，现场热线生动精彩，娱乐生活激情无限，欢迎进入我们的都市快行线——一路畅通。"

《夜访百家》："一次对话可以穿越生命的角落，一种交流可以沟通陌生的心灵，解读生命中最深邃的故事，呈现人文世界最经典的华章，夜访百家。"

栏目口号的包装需要做到——一个要求、三个原则、五个把握。

①一个要求：栏目口号一般要求能够朗朗上口，容易记忆、传诵，而且要做到虚实结合，新颖别致，言简意赅，耐人寻味，最好能把听众因为收听该节目得到的利益一语道破。由于它一般都很简短，创作难度也就相应增大。

②三个原则：趣味原则：听众听到口号觉得好听、有意思，从而对这个栏目产生兴趣。

明白原则：听众能够迅速明白广播栏目所要传递的信息与理念。

期待原则：栏目口号应能在一定程度上激起听众收听节目内容的愿望，令听众产生期待。

③五个把握

一要注意把握电台和栏目的特色。比如《新闻纵横》的栏目口号："新闻纵横，第一现场的报道，第一时间的声音，洞晓天下人和事，扬清激浊传正声，中央人民广播电台新闻纵横。"

二要注意把握听众心理。要从听众心理出发，给人留下深刻的印象。

湖北省广播电视文艺频道以前有个节目叫《心心心》，它的口号是这样的："这是一个温情的世界，让你在精心营造的氛围中，欣赏一篇篇优美的心情故事，品味人生的万千情怀；这是一方音乐的空间，让你在轻松安恬的休闲时分，感受高雅的流行音乐，聆听另一种语言的温柔呼唤；这是一份无形的默契，让您的心与千万颗心相拥，共鸣。"

三要把握栏目动向。栏目口号有一定的固定性，但绝对不是固定不变的。栏目口号应该经常让听众感受到新鲜的气息，体验到栏目的活力，这就要把握和及时反映栏目动向，比如佛山广播电台在台标呼号方面的做法就值得借鉴。

佛山广播电台成为中国内地首家开通24小时全天广播电台的当天深夜零点，播送了这么一个台标：缔造广播新里程，FM96.4佛山电台，24小时全天广播。这则台标在播出20多天后，他们将台标呼号定为："24小时连续广播，FM96.4佛山电台，分分秒秒陪伴您！"进一步强化了电台特色。

四要注意把握社会热点。贴近社会生活，适时更换栏目口号，在最容易引人共鸣的时候推出新口号，往往能起到引人轰动的效果。

五要注意把握播出时间。栏目口号和呼号一般在每次节目开始时播出，同时为了方便听众识别栏目，在节目中的间隔处也应该多次重复或者切换口号和呼号。

例如：

《早安，中国》的栏目口号

栏目开头口号："沐浴清风，迎接朝霞，中国之声的第一声问候，早安中国。"

栏目中间口号："遨游音乐的海洋，体验优美的旋律，早安中国带给你第一缕曙光，欢迎你继续收听中央人民广播电台中国之声早安中国。"

《市民与社会》的栏目口号

栏目开头口号："上海人民广播电台，关注社会，关注民生，关注你我生活，990市民与社会。"

栏目中间口号："不同角度的思考，多元思维的交融，市民与社会，欢迎加入对话。"

另外值得注意的是，栏目口号在创作上，多采用对联式、对白式、排比式、标题式等等。这样读起来不仅朗朗上口，而且容易记忆和传诵。

《新闻纵横》的栏目口号

"新闻纵横，第一现场的报道，第一时间的声音，洞晓天下人和事，扬清激浊传正声，中央人民广播电台新闻纵横。"

（3）栏目片头、片花设计

栏目的片头、片花就是栏目的ID和LOGO，其目的就是要提醒听众正在收听的是什么栏目，这个栏目有什么特色和诉求点，以此加深听众对栏目的识别，同时建立一种品牌形象。优秀的栏目片头、片花设计往往可以通过简洁的方式宣告该栏目的与众不同之处。不过，栏目的片头、片花通常由三种元素组合而成：标识音乐、人声、效果声。

标识音乐：栏目的片头、片花中代表栏目风格的音乐。标识音乐的作用有三：①配合人声构建栏目风格，如《新闻和报纸摘要》的片头音乐；②连接人声起到桥梁作用；③音乐和人声配合成为主题音乐，如音乐之声的主题音乐就是将"我要我的音乐"作为唱词融入不同风格的音乐中，制作出不同的片头、片花，然后在不同的时段播出。

（1）广播栏目片头、片花中的人声有三种类型：

演播人声：演播故事情节、代表普通听众叙述心声来展现栏目价值。

标识人声：宣讲栏目口号栏目名称。

客观人声：利用身份真实的名人、普通人声穿插或者贯穿于栏目的片头或片花来体现栏目的价值,如音乐之声。

如资讯878中的"人声"

标识人声:资讯878,新闻新视角。

客观人声:××在××对面卖了一套房子,价值3 000万元。

(2)效果声在栏目的片头、片花中的作用:渲染效果、气氛,充当桥梁。例如:

《午夜鸳鸯茶》

【恐怖音乐,脚步声】【演播人声】这里仿佛是地狱的第19层【狗叫】。

【恐怖音乐】【演播人声】手里握的是半张达·芬奇密码,因为紧张得有点渴。

【划火柴声音】【演播人声】点上蜡烛,屋里顿觉一片光明,桌上放着一杯冒着热气的鸳鸯茶。

【茶杯摔破声音】【女人惊叫声】【脚步声】

【标识人声】《午夜鸳鸯茶》每天两集惊悚悬疑小说,真想藏在暗处。

3. 离播包装的实施

离播包装就是广播栏目离开广播媒体利用其他媒体宣传自己的包装形态。离播包装包含两部分内容:利用其他媒介宣传,如在电视、报纸、杂志、网站、多媒体光盘、书籍、交通广告、户外广告,甚至名片、促销礼品上进行栏目的形象宣传和设计、走出直播间,举办各类型活动,与听众面对面。

第二节 谈话类节目主持

谈话节目在国外被称为:"TalkShow"(脱口秀),内容涉及热点时事、公共事务、商业娱乐、家庭生活。

谈话节目是最能体现广播传播特点的节目类型之一。语言具有传递信息、沟通情感的作用,谈话所传递的信息与情感大部分只通过声音就可以传播,而且单纯的声音还赋予了人们丰富的想象空间。电视的谈话类节目需要避免画面的单一感,因此谈话并不能传递出超越声音的信息,反而是画面干扰了人们对语言的关注。

一、广播情感类谈话节目主持的概念

"谈话"作为一种最常用的广播手段出现在各类广播节目中，在新闻的深度报道中有谈话，在知识类节目中有谈话，在对象类节目中也有谈话，甚至在广播娱乐节目中也依然有谈话的形式存在。严格说来，"谈话"并不能作为一种以内容划分的节目类型存在，它是一种结构形式。不过，在广播媒体中广泛存在着一种特殊的谈话节目，它在"珠江模式""东方现象"之后开始出现，以主持人与受众电话连线沟通为基本形式，以沟通情感、心理疏导为传播目的，拥有大量的收听人群，产生了巨大的社会效益，也创造了收听率的神话，它就是广播情感类谈话节目。

二、广播情感类谈话节目的传播意义

工业化给社会带来了突飞猛进的发展，却也带来了人的疏离感，越是繁华的都市，这种疏离感越是强烈。人的情绪需要得到释放，心绪需要排解，可人们在真实的生活里因为受到社会角色定位与既有的社会形象的限制，以及考虑人际交往中的各种问题，会避免和熟识的与了解自己真实身份的人谈及内心深处的问题，这时，反而容易对陌生人倾吐心声。如果触及内心，谈到比较私隐的话题，或是需要解决心理上的困惑时，广播作为看不见的媒介，可以适度帮助人们隐身，成为一个"类虚拟环境"。网络中社交软件与社交类手机应用的火爆也是因为可适度隐身而受到欢迎，但网络是虚拟的世界，充满了不真实感和不确定性。广播则不同，它既是真实存在的、可信赖的媒介，又因为多数人无法仅凭借声音就确定一个人的身份，所以广播在真实和虚拟之间获得了良好的平衡，广播情感类谈话节目也应运而生。早期，这些节目都是在夜晚播出的，一般称作"夜话"。当一切安静下来，夜晚是人的感情最丰富的时段，从收音机中传出的那个声音便成了心灵的依赖。

通常情况下，每个城市都会有一档知名的"夜话类"节目，这些节目都深深打上了主持人的风格烙印，与主持人的形象魅力息息相关，或者说，正是主持人的人格魅力吸引了受众，使得他们在生活和情感上遇到困惑和挫折时，第一个想到与主持人倾诉。那些不能和家人说的话题，那些不能和熟人聊的秘密都通过热线电话，通过一封封雪片般飞来的信件，一条条微信、微博留言和主持人交流，使自己获得心灵安慰。

在20世纪90年代，这样的节目风靡一时。究其原因，是社会的转型（从计划经济到市场经济）使整个社会的价值观、人生观发生了重大变化，人的自身心理调适不能适应这样的变化，因此，种种心理问题便产生了。不良情绪需要排解，心理压力需要疏导，生活困惑需要解决，广播电台的夜话类节目承担了媒体应具有的"解压阀"的功能和心理疏导的功能。情感类谈话节目在很长一段时间充当着心理医生的角色。

好的情感类谈话节目主持人应该有相对丰富的人生阅历和一定的心理学知识素养，才能有效而科学地与受众进行沟通和交流。情感类谈话节目是最具有广播特点的节目类型，似乎天然就是为广播而生的。这类节目通常更接近"类人际传播"，具有强烈的伴随感，传受双方的互动交流也非常频繁，这些特点都源于广播所具有的独特魅力。

三、情感类谈话节目的人际传播特性

情感类节目主持人要想在节目中吸引受众，拉近与受众的距离，让越来越多的"消极受众"转变为参与节目的"积极受众"，扩大节目的影响，就必须是一个懂传播、会沟通的人。情感类谈话节目是最接近人际传播的节目类型，主持人与受众通过电话或其他手段交谈时，要遵循人际传播中的几个基本概念，才能进行有效传播。

1. 闲谈式的开场白

闲谈就是聊天，比如打个招呼、聊聊天气、讨论没有利害关系的时事等。闲谈是不深入的交谈，一般不会触及心灵，也不涉及隐私和秘密。这看似并不重要，但事实上，你和很多亲密朋友的接触都是从闲谈开始的。当亲密的朋友要开始和你深入交谈时，通常也会先闲谈几句。生活中，你常常会碰到这样的人，你跟他闲聊几句后，对他产生了兴趣，渴望着这样的谈话深入下去；而有些人，你们聊了几句之后却让你觉得索然无味，只想抽身。换回主播间，如果主持人的开场白矫揉造作、缺乏趣味或者并不真诚，那就不会有受众参与到节目中，收听率也会大幅度下降。闲谈的功能并不在于谈话的深度，而在于构建一个良好友善的情境，这对节目基调的设立是必要的。

在人际传播中，想要很好地利用闲谈拓展自己的交往和人脉，通常采用这样一些技巧。在主持节目的开场白阶段，这些技巧也同样适用。

（1）在闲谈中找机会提到对方的姓名。当一个人的姓名被提到时，实际上是暗示对方，你受到重视，我希望能够把这样的谈话进行下去。在广播中，虽然不适合提到某一位受众的具体姓名，但是，可以把语态改为"你"而不是传统的"你们"，拟态的一对一的交流，会让受众觉得他受到了重视。

（2）交流是双向的，没有人喜欢在人际传播与交流中过于被动。记得让受众也表达，适当开放节目空间，让受众有参与的欲望。新媒体时代，这种双向交流的需求越来越强烈。互联网的互动性是广播较为欠缺的，但广播的人性化即时传播的特点和作为传统媒体所具备的影响力也是各类新媒体无法企及的。媒介融合时代的广播需要在以上几个方面寻找新的平衡。

（3）确定主题。在人际传播中，主题的确定并不重要，但如果话题能深入下去，则必然是某一主题起了作用。广播的情感类谈话节目和真实的人际传播并不完全相同，广播讲究的是"类人际传播"，希望话题能够深入，而不是只停留在闲谈阶段，所以情感类谈话节目多数有主题，或者虽没有一个明确的主题，但有个隐性的主题存在。也有一些节目是无主题的漫谈，但事实上，栏目长期树立的形象与构建的话题空间也可视为主题。无主题的节目虽然看似更加开放，会吸引不同的受众参与，但实际上，节目中的思绪和话语都是松散的，受众并不能有的放矢，很难因为某一个观点产生参与热情。大部分精彩的谈话节目均是有主题的，而且需要把主题较早地传递出去，好引发受众参与的兴趣。感谢互联网社交软件的发展，现在，多数的这类节目已经会提前将主题放在微博或微信上分享，使得节目话题得以预热，节目组还可以对受众的观点进行筛选，把那些更具有传播价值的观点留下来。在前互联网时代，除非是名牌的广播节目，一般的节目是需要时间等待受众参与的，这部分时间如果不能用内容丰富的话语填充，整个节目的节奏就会垮下来。

主题的选择异常重要，话题浅了会让人不想参与，提不起兴趣，话题过于狭窄，又会疏离更多的受众。实际上，好的话题是人人都有共鸣而又可以深入交流的，好的情感类话题应该是和人生的感悟密切相关的。生老病死、喜怒哀乐、亲情友情爱情，这些能让人感同身受的话题是永远吸引人的，从某种意义上说，这些就是人生的"母题"，只不过在不同的时期以不同的面目出现罢了。

（4）聊聊最近发生的一些事情。聊天气会被认为是在刻意寻找话题，聊具体的事就会好一点。通常关心时事的人与他人闲谈时都不会愁没有话题，而且，适当地讨论具体事件还可以增加节目的信息含量。古人作诗常因事起兴，言之有物，谈话节目也是要多讲实例，少谈空话的。但因为节目的性质，情感类谈话节目不适合聊严肃的政治话题，而应该从情感和感性的角度去谈能够触及人心灵和回忆的话题。

2. 通过谈话的形式来一场"头脑风暴"

在节目一开始就抛出主题虽然有开宗明义的功效，但是在谈话类节目中往往会被认为是在刻意寻找话题，适当地聊点边缘话题就会好一点。通常关心时事的人与他人闲谈时都不会发愁没有话题，适当的讨论具体事件还可以增加节目的信息含量。古人作诗常因事起兴，言之有物，谈话类节目也是要多讲实例，少谈空话的。但因为节目的性质，一般来说情感类谈话节目不涉及政治话题，而应该从情感和感性的角度去谈能够触及人心灵和回忆的话题。

谈话类节目一般可分为五大类内容：

历史——讨论历史主题，包括历史事件、历史人物对时代的影响等。

哲学——讨论古典和现代的哲学家与哲学理论。

文化——讨论诗歌、音乐、视觉艺术、流行文化，还可以深入讨论这些内容在社会中所起的作用等。

情感——讨论在职场、家庭、社会中人与人之间的相处之道等。

科学——讨论科学对人类的影响，科学故事及科学界的最新成就等。

3. 传统的讲座形式

同样是精选内容，日本放送协会（NHK）的《文化广播》却呈现了不一样的节目样态。日本放送协会是实行广播双轨制的机构，即同时拥有公共广播和商业广播。NHK广播第二频率是一个专门播出知识类、教育类节目的频率。《文化广播》是这个频率具有NHK传播特征的节目，以广播讲座的形式来播出。

栏目名称：《文化广播》

台属：日本放送协会NHK广播第二频率

主持人：每周一是宇田川江清，周二至周日请不同领域的专家来做主讲人

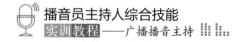

播出时间：周一至周六8:30~9:00

周日8:00~9:00

播出时长：30分钟和1小时

《文化广播》是日播节目，会用多期节目来诠释一个主题，但每天的主题会依照规律编排，一周的固定节目类型是：周一，"广播档案馆"，播出NHK保存的文豪们自己朗读作品的录音。在2011年之前，这一天的主题是"科学与自然"，共播出了三年，这样的替换是因为科学的抽象性不好用广播这样的简单传播声音的媒体来展现，另外，NHK作为历史悠久的广播传播机构，拥有大量的珍贵的录音资料，这部分资料搜集整理后具有较高的传播价值。周二，"历史再发现"，介绍世界各国历史上的重要事件和人物。周三，"艺术的魅力"，播出和艺术、流行文化等各方面相关的内容。周四，"文学的世界"，播出小说、童话、诗歌等各国的文学作品并讨论其影响。周五"科学与自然"，播出和科学有关的内容。周六，"读汉诗"，介绍中国古代诗歌在日本的发展和对日本的影响。周日，"周日特别版"，播送内容不固定。这样的安排并不是长期固定的，通常会在网页上有一个讲座的时间表，每个主题播出一两年就会被替换。

《文化广播》会用很长时间来讲述同一个主题，比如"历史再发现"曾经通过"新大陆的植物改变了世界——哥伦布带来了什么"，话题讲述从美洲传来的新大陆植物如何改变了整个世界的饮食结构和生活方式，以及土豆、玉米、辣椒、番茄、可可、烟草和橡胶对人类的影响。"读汉诗"单元从2015年4月开始用一年的时间根据季节和时令来介绍中国古代诗歌。

四、谈话类节目主持人的素质和作用

1. 谈话类节目主持人的素质

（1）一般要根据个人知识结构和能力分类主持

（2）要求主持人掌握相应的主持方式

（3）主持风格：①幽默类

②思辨类

③情感类

④亲和类

2. 主持人的作用

在传统的知识类节目中，主持人具有着核心和串联的作用；一般来说，一类是具有强烈参与感的主持人，并在节目中起到核心的作用。

这类节目流程设计为：节目开始，主持人通过对话题背景的介绍引入话题，然后以相应的问题来引导嘉宾谈话，在谈话的过程中互动交流。主持这类的节目要求主持人的专业素养以及在文化艺术领域要有较高的修养，成为节目内容的另一端提供者，与嘉宾形成不同观点的对撞，通过与不同层次嘉宾的交流，精心构建出多种不同观点的冲突和矛盾，在谈话中显露智慧的火花，引发受众的思考，节目中主持人既是内容的传播者，又是代表受众的倾听者和提问者。

另一类是NHK《文化广播》的形式，《文化广播》只有周一的"广播档案馆"是有主持人的，由宇田川江清主持。宇田川江清是NHK的资深播音员，在节目中他的身份更像是播音员串联的角色，而非深入到内容中去。《文化广播》其他单元的内容是以主讲人身份出现的，多是各个学科知名的专家教授和职业从业者。这样的形式就会缺乏趣味性，是传统的广播教育节目的模式。

五、传统的广播知识类节目模式的弊病

传统模式的知识类节目承担了公共广播的教育职能，保留了广播较精当的制作形式。上面所举的几个例子虽然在目前看来都在表现主题、挖掘意义方面表现不俗，也取得了不错的成绩，但这类传统节目的弊病依然明显。

像许多公共广播的节目一样，知识类节目过于严谨、严肃，核心竞争力如果依然放在节目深刻的内容上，显然并不符合当代广播的传播规律。现代社会和新媒体发展后的时代，人们选择媒介时选中广播的目的通常不是为了"学习"和"受到教育"，而更多地是为了获取功能性的信息以及娱乐陪伴。过于严谨的节目内容设置会导致受众拒绝接收信息，即使是不以广告吸纳作为衡量标准的公共广播节目，过低的收听率也会成为节目发展的瓶颈。

另外，从传播的效果来看，未来广播的收听形式是伴随收听，而知识类节目本身需要受众的注意力相对集中，因此制作这类节目需要考虑受众的接收规律，才能获得更好的效果。

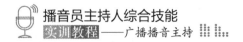

六、表现形式分类

广播谈话类节目的表现形式一般分为一人直述式、两人对话式、圆桌座谈式、听众参与式。

新论与提示：

广播谈话类节目的时空性，使人们暂时进入一种理想的思想境界，节目具有精神港湾的特性，因为它的基础是建立在想象与纯情上，与躁动的时代背景是相对应的。

1.提出理论高度。理论指导实践并不是一句空话，而理论与实践相结合是切实可行的。中央广播电视总台体育频道解说员贺炜，参加第八届全国体育新闻传播会议时谈到，虽然我们做的是专业的解说工作，实践经验很重要，但是参与新闻传播会议的学术会议对于业界的主持人来说更要重视。因为理论是标杆、理论是方向。理论是指导主持人实践的方向，这样才不会无目的地主持。同样，大学的教育并不完全是知识的灌输、技能的教授，而要从理论的高度提出问题，提出思索的方向。以理论定高度，指导学生试图达到某个目的，并从实践中总结规律。因此，播音与主持实践的小课教学环节中，要重视学理性的问题，将知其然与知其所以然切实结合。

2.选择合适稿件。目前，各大院校播音与主持专业学生所使用的教程是中国传媒大学出版了十多年之久的《实用播音教程》(全四册)。范例确实典型，但对于传媒业高速发展、消息更新之快的今天，该专业的教学应符合新闻的原则，选择新近发生的事实作为素材进行训练。这就要求小课教师关注新闻、热点新闻、国内外事实等，并及时挑选适合教学的稿件以及音频、视频资料，进行对比性的讲解、分析以及指导。例如，本人在教学中尝试针对体育院校体育播音与主持的特点，为学生选择各类比赛的最新消息，将带有外国人名的作为贯口的练习，将带有比赛数据及比分数据的信息作为数字新闻素材指导学生播报，既针对了该院校学生专业的特色，又丰富了课堂内容。

3.采用讨论方式。美国心理学家威廉·格拉瑟用一种优美的形式描述过："可

以转变为认知的是——我们阅读的10%；我们听闻的20%；我们目睹的30%；我们耳闻目睹的50%；我们讨论的70%；我们亲身经历的80%；我们互相传授的95%。"因此，有良好的思辨能力、上佳的口语表达能力、优秀的合作力才能使实践落到实处。因此，分小组讨论是实践小课必不可少的环节，只有从自己的表达以及其他人的表达中才能找到差距，同时碰撞出思维的火花，产生播音与主持的话语灵感，找到荧屏内外的话语感受，从而掌握播音与主持的技巧。

4. 要求独立思考。播音与主持的方式和风格全部都是大气雍容、激越磅礴、激扬向上、激人前行吗？对于不同的稿件、不同的主持人播报与主持都是不同的。1959年3月，传媒先驱麦克卢汉在全美高等教育学会上说："今天，我们生活的世界与我们成长时期的世界几乎没有任何共同之处了。电子革命赋予学生的身份不再是消费者的身份，而是教学伙伴的身份，因为学生早已在课堂之外积累了大量信息。"因此，实践小课中，要充分发挥学生的主观能动性，在教师未指导前，独立分析稿件。如本人在教学中模拟广播播音的直播状态，要求学生拿到稿件后迅速准备并分析稿件，与编导老师进行沟通与交流，找出具有实效性、公共性、服务性、丰富性的信息，作为节目的素材，再进行删选进行模拟直播练习。

5. 确定独特风格。麦克卢汉说，风格不是表达的手段，而是观察、认知的方式。因此在小课训练中，要挖掘学生的个性特征，并为其寻找匹配的节目内容，将两者有机地结合在一起。着重训练学生对于受众的态度、对事件评论的角度及深度、用词造句的特点和习惯，才能拉近受众与主持人的距离，才能有效地留住忠实听众，吸收游离听众，从而确立自己独特的风格。

因此，充分挖掘学生的潜力，培养学生独立思考的能力，实行民主、平等的交流方式，帮助学生树立播音与主持的独特风格，确定学生适合并擅长的主持类型，是在实践小课中应着重注意的问题。

七、谈话节目的选题要考虑三方面诉求

听众想听什么？嘉宾想说什么？主持人能说什么以及怎么说？其中听众想听什么是最重要的。

谈话节目选题的原则：重要性，普遍性，热点性；群众关心，有普遍意义。

例稿节目：深圳广播电台《夜空不寂寞》、主持人胡晓梅，主题"与艰难面对"。

节目分析：

1. 节目提供了倾诉、沟通的平台。

2. 主持人不把自己当作指点迷津的智者，更不是先知先觉的圣人。

3. 做一个真诚用心的倾听者。

4. 用平和简短而又敏感的插话让听众敞开心扉。

5. 没有空洞的大道理，真挚到位又赋予个性的即兴评述。

6. 及时得体的概括、补充和提炼，使听众和参与者都感到是一种温暖，一种精神生活的分享。

谈话类节目主持作业

谈话内容：以听众的微博"专业录音设备课下不对学生开放"为主要谈话内容。

节目形式：主持人、嘉宾、记者、新媒体。

片头：《大学生了没》

口号：我是大学生，大学生什么？大学生了没！

主持人：刘洋，袁雪

记者：徐婉莹、张梦、刘思萌

嘉宾：史进良（播音专业学生）

（配乐）

刘：大家中午好，我是洋洋。

袁：大家好，我是小雪，又到了周三，欢迎大家准时收听"大学生了没"。

刘：首先我们先来关注一下大学生的最新新闻吧。

刚毕业的24岁的女大学生王芳放弃事业单位的"铁饭碗"，选择自己喜欢的行业自创了绿媒的广告模式，完成了5个月从零到签单200万的完美开端。11月25日，重庆长江师范学院大学生志愿者来到涪陵江东"彩虹之家"。义务支教、穿梭山间前去探访贫困留守儿童，送去生活用品和人间温暖。11月23日武汉"11·13"女大学生惨案告破：同区异校大一男生被抓获。

袁：最近，武汉女大学生返校途中遇害身亡的新闻确实牵动了许多人的心，现在凶手被抓住了，大家终于可以松一口气了。

刘：对呀，但是还是不要太放松了吧，女生尽量结伴而行，提高警惕，注意安全。

（片花：……）

袁：好了，欢迎大家继续收听我们的节目，有网友向我们反映，说他是武汉体育学院播音主持专业的学生，但是他们学校的专业设备不向学生开放，学生不能随时使用，但是其他学校却可以。

刘：咦，好像我们读书的时候，也没怎么碰过设备，刚进电台的时候不太适应，感觉在学校学的理论和工作的实践还是有一定差别的。

袁：对对对，我也是，工作的时候，人都蒙了，什么都不会用，我那时候连开关都不知道在哪（哈哈哈，啊，真的啊），第一次听到自己过电之后的声音特别奇怪，和我原本以为不太一样。

刘：对呀，专业的还是有道理的，就是和自己录的不一样，而且以后要是从事了这个行业还是要接触这个设备，所以晚一点用还不如早一点用，早一点了解对以后的工作还有帮助，有条件的学校最好还是多给学生提供一些好的机会。

袁：那根据之前网友所说的情况，是不是其他学校的学生都能够随时使用学校的专业设备呢？

（记者：徐婉莹 录音）

刘：原来大多数的学校是可以自由使用的，就算不能还是可以通过领导申请的方式，看来学校还是支持的嘛。

（嘉宾史）

袁：今天我们特地请来了传媒学院16级播音专业学生史同学（鼓掌）。史同学，你好！

刘：你好！

史：主持人好，听众朋友们大家好。

袁：你们现在上课，有没有录音的作业啊。

史：有啊。

袁：那你们都用什么录音的啊？

史：基本上就是手机和电脑啊。

袁：啊？这不是和我们那个时候差不多吗？都没有用过专业一点的吗？

史：用还是用过，但是都是在有老师的前提下，自己用的话还要申请什么的，挺麻烦的。

袁：应该每所学校申请的方式都不一样吧，我们来看看武体是怎么申请的。

（记者：张孟 录音）

刘：武体设备这么好，申请这么麻烦也是应该的，但是放着这么好的设备不能经常用，不会觉得怪可惜的么。

史：对呀，当时艺考的时候就是在我们学校的演播厅，感觉特别好，特别高端大气上档次，就是奔着这个设备来的，哪知道真上了这所学校才知道不能随便用，到学校这么久了，也都没自己单独用过设备。

刘：估计是这些设备挺贵的，学生又这么多，怕你们损坏了吧。

袁：说了这么多，我们来听一首歌放松一下吧。

（音乐）

刘：音乐回来我们继续刚才的话题，史晋良啊，你有没有问过你们的专业老师对于学校这些设备不能自由使用的看法？

史：我也不知道诶，这个还真没问过。

刘：我们有采访到你们学校的老师，那就听听老师是怎么说的吧。

（记者：刘思萌 录音）

袁：看来老师也是很支持的，学校也在积极地筹备为学生创造更好的条件。

刘：我们也是这么希望的，像我们微博留言的那位同学，不久你们就能够用上更好的设备了。

袁：但是还要好好爱惜哟。

刘：感谢微博留言的同学对我们节目的支持，也希望更多的同学参与到我们节目中。

袁：同时也感谢史晋良同学的到来，今天节目就到这，（一起）我们下期再见。

思考与练习

按指定材料做播出文案：

1. 主题：行动起来，促进精神健康。

2. 要求：材料丰富、主题集中、视野开阔、实用性强，切入点要巧妙，串联自然，主持人态度真诚热情，交流感强。

3. 做一档信息服务或谈话类广播节目，时长：10分钟，要求有策划文案，片头以小组为单位保存在电脑上，为mp3格式。

八、选择适当的谈话对象（三个原则）

1. 选择与节目主题相关联的人士。

2. 谈话对象要有一定的学识修养。

3. 谈话对象的表达要到位，清晰无误。

九、结构编排

对节目进行整体的布局，把握谈话主题与音乐、音响的准确衔接。核心问题是对谈话选题的把握与表现。

（一）基本程序

1. 进入话题

触动嘉宾和听众的心灵，引起共鸣。

2. 话题展开

（三个因素）善谈？范围及深度？发问的多样性（启发式、咨询式、触动式）。

3. 结束话题

（1）抒发情感式

（2）总结式

（3）精辟点评式

（二）主持人角色化

1. 事件叙述者

2. 话题参与者

3. 自我人设

（1）听知素养

（2）场协调能力（节奏调控和情绪调控）

（3）沟通能力（倾听、求同存异）

（三）相关技巧

（1）制造悬念：介绍精彩看点，抛出疑问、激起收听兴趣。

（2）制造反常之举：添加"爆料"制造气氛，搞怪语言。

（3）提出尖锐问题：直接明确、切中要害。

（4）制造有趣情节：善于调侃。

（四）个性风格

谈话节目主持人最本质的任务是交流，真诚是进入谈话情境的基础。

（1）真性+理性（释放的情绪+理智的逻辑——伪感动）

（2）开启语言天赋——解放天性

（3）超越自我——忘掉小我，进入超我

（五）主持方法

这类节目对主持人的功力是一个考验：及时反应整体把握，知识背景甚至人格的检验。

（1）自我定位，我是谁？我的位置在哪里？

（2）平等原则是首要原则。

（3）真诚原则。

（4）倾听的原则，关键部位点评的原则。

（5）时刻准备着偶然。

（6）整体原则和细节丰满原则，包括如何开头，选择什么样的音乐，选择什么样的节目节奏。

第三节 广播娱乐类节目主持

广播娱乐类节目是指通过一定的节目形态让受众感到心情愉悦，并有所启发的活动，它通过各种样式或手段为听众提供欣赏、知识、游戏、信息娱乐的节目表现形式。

一、基本理论

（一）形式和特点

1.游艺竞猜类

游艺竞猜类是指为了得到某种物质奖励或者奖金，在一定规则下，普通听众参与的竞猜节目，多采用后台留言方式。

2.赛事类

竞赛带给受众的是竞争的"残酷享受"以及其体现出来的"平民意识"。受众的广泛参与使平民偶像的塑造成为可能。

3.真人秀类

真实的记录与人性的展现和窥视，揭发相对隐私。

4.资讯类

资讯类（八卦新闻）起源于20世纪20年代美国的新闻浪潮（小报）——大多数人把媒体当作放松逃避和转移注意力的工具。

（二）娱乐资讯表达方式演绎（变种）

娱乐资讯表达方式演绎（变种），首先它是一种传达方式，同时也是一种传达态度。趣味性是其特点，一笑了之、寓教于乐，如荒诞广播剧、广告、新闻、谈话等。

（三）基本特征：语气平和、机智幽默、叙述生动

（1）它是各类广播文艺节目样式的综合，如：文学、音乐、戏剧、曲艺、电影录音剪辑等。

（2）它是多种节目功能的综合：欣赏性、知识性、游戏性、信息性、娱乐性的综合。

（3）它是多种节目手段的综合：单人主持、多人主持、嘉宾参与主持、听众来信或热线电话参与。

（4）在结构上是多元化、小版块栏目的综合。

（四）分类

（1）以音乐为主的广播综艺节目：如"音乐随身听"。

（2）以表演或其他文学形式为主的综艺节目：热线电话或短信参与。

（3）新的内涵和外延：从线上走向线上线下融合，突出受众参与度。

（五）打造娱乐节目核心竞争力

1. 找到节目的核心听众——年轻人

2. 独特个性

（1）节目创意：表现方式创新。

（2）娱乐内容的独特性——主持人要用自己的头脑解释娱乐信息（视角独特、有评论的素质），从而带给听众不一样的听觉享受，如"娱乐双响炮"。

3. "轰动"与"持久"

广播节目的轰动效应需要时间的累积，扩大覆盖。辽宁电台生活频率《娱乐双响炮》从2001年8月开播，历经多次调整，有70多家电台购买。

（六）经营娱乐

（1）《新闻麻辣烫》新闻资讯+娱乐调侃

（2）娱乐"巨无霸"——大鱼吃小鱼

光线传媒——《中国娱乐报道》

（七）娱乐节目的尺度问题

娱乐节目的底线——不能颠倒黑白。

反庸俗——媒介的责任：不能缺乏道义，不能独自狂欢。

当娱乐泛滥成灾时，就需要有人扼守渡口；当小溪流水时，不要过多苛责。

二、娱乐节目的策划与创意

（一）关于策划

综艺节目的策划是节目成败的关键，凡事预则立，不预则废。艺术家的创作更多地是抒发自己的内心感受，生命体验。主持人要考虑受媒体制约，受栏目宗旨的制约。同时，必须时时关注受众群体的要求与愿望。主持人自身要考虑兴趣爱好、自身能力。

（二）关于创意

1. 什么叫创意

节目的策划人站在一定的高度，一定的角度，依据节目的相关要素，寻找出完成节目使命的最优越的想法叫创意。

创意是艰难的，打开创意之门，最有效的办法是向自己提几个问题。

（1）为什么要办这档节目？（解决主题和宗旨的问题）

（2）把这档节目办成什么样？（解决立意出新的问题）

（3）怎样办这档节目？（内容新、结构新、表达新、形式新）

2. 创意的原则

抓总纲，肩负社会责任，充当党和人民的喉舌（不恶搞、媚俗），坚持真、善、美，抵制假、丑、恶，坚持调查研究，要知己知彼，要对照分析，对实际情况有充分的认知，了解听众情况，调查听众的基本构成，收听需求、收听习惯、心里嗜好；绝不是主观想象，要调查市场，然后在内容、风格、时段上谋篇布局。

（三）关于节目内容的准备

豹头：开头要引人注目，漂亮，有神。

熊腰：展开要有力流畅。

凤尾：有韵味，发人深思，回味无穷。

节目要常做常新，不断刺激听众的胃口，以记者的心态去观察世界，世界就会到处充满选题。

（1）文案的准备：各单元或小版块、小栏目的具体内容要清晰，相关资料要列出提纲，注意各部分内容之间的过渡和衔接（写详细文案）。

（2）资料的准备：做好片头、片花、宣传片，准备好音响资料（包括掌声、欢笑声、模拟声效果）。

（3）做好与听众沟通的设计，以此带动广大听众参与。

（4）主持中应注意的问题

①主线贯穿，目的明确。

②注意营造气氛，语言表现力要强，会煽情，根据内容创造语境，使节目迅速活跃起来，两人以上主持时，要会接话，创造气氛，一方会甩话，把话茬氛围甩给对方。

③用词要雅俗结合（俗即通俗，不是媚俗、庸俗、贫口，甚至低俗）。

④语言要灵活多样，词汇要丰富，语气要多彩（要有幽默感）。

⑤与嘉宾配合：平等交流，尊重而不畏缩，大方得体，不卑不亢。

实训练习：以"节日"为题，策划创意一档综艺节目，并主持演练。

三、实例分析

"解说词"可以有句无段或有段无章，不能离开录音素材而独立存在，但相对于串联词文稿，它的内容更丰富、完整，有"插播"和"混播"的技术要求。例如小提琴协奏曲《梁山伯与祝英台》的总体感情基调是一种凄凉的美，但由于曲子的发展变化，各部分所表达的情感又不尽相同，如相爱、抗婚、化蝶，因情感分寸的不同，语气的变化也就显而易见了。

【实例1】小提琴协奏曲《梁山伯与祝英台》

各位听众大家好，现在是文艺专题节目，在这次节目里，给大家介绍小提琴协奏曲《梁山伯与祝英台》。

这部富于戏剧性的标题协奏曲，取材于中国民间传说《梁山伯与祝英台》。浙江农村聪明热情的少女祝英台不顾封建传统的束缚，女扮男装，外出求学。在杭州，她与善良、纯朴的青年书生梁山伯同窗三年，建立了真挚的友谊。当二人分别时，祝英台用各种比喻向梁表白内心蕴藏已久的爱情，而诚实的梁山伯却没有领悟。一年后，梁山伯得知祝英台竟是女子，急忙跑到祝英台家求婚，但不幸的是，祝英台已被祝父另许豪门。梁祝在楼台凄然相会，两人立下了"生死不离"的誓约。不久，梁山伯悲愤死去，祝英台向苍天发出对封建礼教的血泪控诉后，毅然投入梁坟，殉情而死。梁祝死后，化成一对彩蝶在花丛中飞舞，形影不离。

小提琴协奏曲《梁山伯与祝英台》写于1959年，作者何占豪、陈钢当时是上海音乐学院的学生。他们的这部处女作，以浙江地区越剧的唱腔作为素材，按照戏剧构思布局，综合交响乐与戏剧音乐的表现手法，描绘了梁祝相爱、抗婚、化蝶的情感和意境。

协奏曲以单乐章奏鸣曲的形式写成：

第一部分"呈示部"（相爱）——在江南秀丽的春色中，出现独奏小提琴诗意的爱情主题；小提琴与大提琴如歌的对答，以表现梁祝的相识；活泼的回旋，刻画出梁祝同窗共读兄弟般的情谊；最后曲调转入缓慢，诉说二人依依惜别之情。

第二部分"展开部"（抗婚）——祝英台的抗婚主题独奏小提琴与祝父的逼婚主题乐队形成相互对抗，塑造出祝英台忠于爱情的坚毅形象；接着，小提琴与大提琴缠绵悲切，如泣如诉，曲调富有变化性地描述了梁的病逝以及祝英台哭灵投坟的悲剧高潮。

第三部分"再现部"（化蝶）——在轻盈飘逸的仙乐衬托下，爱情主题重新出现。它表达了人民美好的愿望——梁祝化成一对彩蝶，千年万代永不分离。

各位听众，现在就请大家欣赏这部小提琴协奏曲。何占豪、陈钢作曲，俞丽拿独奏，上海音乐学院管弦乐队演奏，指挥樊成武。

【实例2】戏词、歌词

戏词、歌词在写作上押韵规整的情况比较多，表达时要注意韵脚。虞姬的唱词是中东辙，要注意吐字的完整饱满。而不押韵不规整的唱词则要注意断句得当，语气轻重缓急要错落有致。

京剧《霸王别姬》选段："看大王在帐中和衣睡稳，我这里出帐外且散愁情，轻移步走向前荒郊站定，猛抬头看月落夜色清明。"

【实例3】歌曲《祖国万岁》演唱：谭晶

沿着鲜花的长街走向纪念碑／拥抱吧，亲爱的战友喜泪在飞／挥动鲜艳的国旗映出山河美／检阅吧，光荣的岁月／英雄列队／怀抱幸福的阳光走向天安门／放歌吧，

亲爱的朋友欢声如雷／绽放满天的礼花看梦想腾飞／欢乐吧，青春的年代今朝更美／我走过地球上许多地方／我的最爱是你生日之美

思考与练习

1. 新时期广播知识类节目的特点有哪些？

2. 广播知识类节目主持的内容制作应做哪些准备？

3. 广播文艺节目播音主持对语言表达技能有哪些特殊要求？

第四节　广播文艺节目主持

一、广播剧、小说剧演播

广播剧是一门综合性艺术，是用语言讲出来的故事，它以人物对话和解说为基础，并充分运用音乐伴奏、音响效果来加强气氛。因此有人这样形容它："语言是广播剧的骨骼，音响效果是它的皮肉，音乐是它的血液。"这说明语言、音乐和音响效果这三个要素构成了属于纯听觉艺术的广播剧。

根据听众只能凭听觉进行欣赏的特点，广播剧更个性化、口语化，更富于动作性，演播时要吐字清楚，表达准确生动，感情充沛真挚，配乐富有特色，音响效果逼真，而解说词（旁白）可以进一步地帮助听众了解剧中情景和人物的动作状态。

随着传媒方式的多样化、传媒渠道的差异化，广播剧也日益焕发出新的生机，根据热播电视剧改编的广播剧、网络广播剧等形式纷纷涌现。

在网络信息极其发达的当下，人们开始借助网络用声音描绘故事，由此产生了中文网络广播剧，当然它也不单单涉及广播剧，还涉及对视频的音频部分的配音制作，很多人将之称为"网配圈"，其组成了庞大的中文网络广播剧制作力量。

小说剧的表现形式介于广播小说和广播剧之间，是广播文艺节目的一次"跨界"。作为一种全新的艺术样式，小说剧的受宠引起了业界的关注。

小说剧一般由一人或两人主播，叙述故事情节的发展、人物关系、心理活动以及作者的态度，而小说剧中的人物则由具体的演播人员来扮演，同时辅以一定量的音乐和动效。小说剧的收听效果类似"电影录音剪辑"，情节较广播剧而言更流畅连贯，同时又比单人播讲的广播小说更富现场感，非常符合广播作为听觉艺术的特性。小说剧的创作方法和创作心理状态与广播剧有异曲同工之处。

二、演播把控

广播剧、小说剧所有关于人物形象的描述都要通过声音，尤其要通过语言中的对话部分体现出来。演播时要把握对话中人物形象的个性语言特征以及除语言外的丰富的副语言信息，例如，人物的声音、语气、语速、语调等，也要在演播中体会人物的情绪状态、身体姿态、运动的方式等等。

作为一种特殊的声音艺术演播方式，广播剧、小说剧也有着自己的特点。但在角色的把握与心理感受层面，追求"我就是"的创作心理状态。也就是所谓的真听、真看、真想和动真情。这样，人的哭声、笑声、不同情状的气息声以及咳嗽声等种种由人的生理、心理所致形成的，具有一定意义和情感色彩的声音，在演播过程中经过艺术化的处理就会变得惟妙惟肖。

人物关系在表现广播剧的过程中同样很重要，人物关系由人物的年龄、地位、亲疏等社会因素共同构成。所以我们还要理清自己与周围人物的关系，以形成准确、恰当的交流，并跟随着人物的情感脉络，形成完整清楚的话轮。

三、演播技巧

广播剧的演播是把戏剧化的语言用极为生活化的手法演播出来。演播者在台词的处理上应该注意语言节奏的掌握、语言逻辑的处理以及声调的高低变化等。在小小的演播室可以喊出一览众山小的气魄，也可以喃喃自语说出自己的心声。演员稍偏一下话筒，剧中对话的距离就会有很大的变化，从几米到几里，甚或是隔河相望的喊话。

演播技巧还表现为具有很强的动作性和动感性，这和话剧以及影视配音有很大的不同。广播剧、小说剧的演播靠这些动作性和动感性让听众在想象中感受到人物的运动和剧中故事的发展，所以在录制中导演经常强调的就是这种动感。随着时代的不断进步，演播技巧也会不断地出新、不断地完善。

广播剧、小说剧还有独白、旁白等形式。独白、旁白都是人物内心活动的外化形式。独白发生在一个人独处时，出声的独白就是自言自语，不出声的独白就是心理活动，经常用来表现人物的内心活动或是人物的幻想状态。旁白发生在两人或多人的交流过程中。所以演播者音色、音质、音调、语气、语调、语速的表达能力直接关系到一部广播剧、小说剧的成败。

四、小说播讲

小说是通过完整的故事情节和具体的环境描写，塑造典型鲜明而又丰富多样的人物形象，多方面地反映社会生活的一种文学样式。

1. 把握人物基调

人物特点，即人物最本质、最核心的方面和思想个性的主要基调。盖叫天举的例子很能说明什么是人物的性格基调，他说："周瑜、吕布、赵云都是三国时的名将，作为角色，都是穿白靠的武生，虽然外表相仿，但周瑜骄，吕布贱，赵云却是不骄不馁、敢作敢当的好汉，三者的不同就是他们各自的性格基调。"

掌握人物性格基调要从小说的情节和人物的行为、语言中去挖掘。例如《红楼梦》里每个人物的性格都异常鲜明，作者写出了人物性格的复杂性，又着重描绘出他们各自独具的性格特点。

人物性格也体现在人物的语言中。播讲者要反复分析小说的每个情节，琢磨人物的每一句话，透过字里行间探索人物性格，理解人物的思想感情，确定人物基调。

2. 塑造人物形象

小说播讲，要充分表露、揭示人物的思想意愿、感情起伏、情绪变化，语言上要有鲜明的动作性。例如，我们可以去劝慰、说服、阻止、打动、威吓、诱惑、煽动、刺激、激怒、挑逗、教训、命令、开导、请求、哀求、辩护、辩解……通过语调变化来使听众听见你的思想。

播讲语言不能"千人一声"，要做到"语言肖似""宛如其人""说一人像一人"。

不同的人、不同的性格都有其独特的说话方式，老年人与中年人不同，中年人与青年人不同，性情粗暴的人与性情温和的人不同，工人与农民不同，文化程度高的与文化程度低的不同，轻浮的人与深沉的人不同，幽默的人与忧郁的人不同，坦率开朗的人与阴险狡诈的人不同……形形色色，不一而足。具体地体现语言性格化的手段有"声音的化装"，有鲜明性格特征的说话习惯，符合人物性格的语气、语调等等。

3. 小说播讲的基本要求

（1）通读全篇，整体把握：播讲小说首先要通读，读懂、读透，不仅要明白小说的故事情节、人物关系、矛盾冲突，更要从整体上把握作品本身的感情色彩、作品的情节与冲突的发展脉络、人物性格的变化层次以及作者的创作主旨等。

（2）理清关系，感受语境：就是要真切地去感受在具体的环境中人物与人物、人物与语境的关系。也就是认真揣摩此时要说什么，在什么地方说。

（3）声音自如，富于变化：声音的虚实、明暗、强弱、快慢变化与气息的控纵是重要的表达技巧。这些外在的表达与内心的感受贴切和谐，才能使播讲锦上添花。

思考与练习

1. 新时期广播文艺节目的特点有哪些？

2. 广播文艺节目播音主持为什么要理解原作？

3. 录播的广播文艺节目创作途径包括哪些方面？

4. 怎样准确把握广播剧演播中的人物角色？

第五节　广播少儿节目主持

一、广播少儿节目的发展

1956年9月4日，作为新中国第一个学龄前儿童广播节目——中央人民广播电台的《小喇叭》诞生了。无数听众在它的伴随下成长，收获了许多瑰丽的想象和对生活美好的憧憬。从某种程度上可以说，是《小喇叭》装点了他们的童年世界，使许多听众即使在物质极度匮乏的年代同样拥有属于自己的特殊的欢乐。如今，随着经济和社会的发展，我国各项事业也都随之发展起来了，拥有近4亿受众的广播少儿节目却呈现出一种"电视热、广播冷"的状况。综观现有节目，质量有好有坏，整体一般。优者自然亲切、有的放矢、寓教于乐、影响深远，差者对象模糊、内容低俗、拿腔捏调、刻板单一。这些不应该成为我们可以懈怠的借口，反而应该成为我们更加努力的理由。那么，作为广播少儿节目主持人可以做些什么呢？

广播少儿节目是广播人为儿童受众制作的"精神食粮"。从节目的表现形式来看，广播少儿节目属于对象性节目，少年儿童是节目的特定收听对象；从节目的内容和方向来看，广播少儿节目属于教育性节目，是对未成年人进行思想道德教育的重要阵地。因此，广播少儿节目主持人在一专多能的岗位要求下，不但要具备主持人的基本素质修养，而且要具备同儿童进行沟通和交流、了解儿童所想所需的特殊本领，即具备广博并不断更新的知识、一定的文学修养及儿童教育心理学的基本知识，还要知晓如何创作出形象新颖的节目，如何以较强的有声语言表达功力把节目内容表达得生动有趣。这是做好广播少儿节目的重要标准。

二、广播少儿节目的功能

少儿节目是以少儿为主要受众的节目，因此不了解少儿心理就办不好少儿节目。少儿虽然单纯但是心理却颇为微妙，一旦把不准他们的脉，他们是绝不会买节目的账的。

根据心理学家的研究，虽然少儿心理个体之间具有差异性，但总体上还是有许多共性的。

1.直觉感知，善于模仿

从心理学的角度来看，小孩从1岁以后开始学习走路、说话，同时也喜欢模仿别人的动作，他们依凭的就是一种直觉的感知。随着年龄的增长、经验的积累，他们开始逐渐理解更多的事物，但对于抽象意念及复杂的事物则不易接受。比如浙江经济广播电台《大手拉小手》节目中的《丫丫学语》栏目，就是针对儿童爱模仿的特点而开设的；再比如云南广播电台少儿广播早间8:00~9:00播出的《叮当双响炮·幼儿篇》节目，主持人丁叮和当当扮演的是来自于虚幻世界的两个可爱的小孩子，节目中没有复杂难懂的音效和言辞，就是通过一些简单的话语和虚构的不断重复的故事让孩子们觉得形象可感，在玩的过程中不断模仿和积累。

2. 好奇善变，爱动脑筋

小孩子的好奇心极强，喜欢新奇的事物，对于有变化的东西很感兴趣，并且为此爱动脑筋探究一二，但耐性有限，极其善变。因此，主持人在制作少儿节目版头时经常会使用很炫的音效，从而使播出的节目更加受到孩子们的喜爱；各个节目版块之间的空隙，又会选用时下最热门的卡通歌曲或者智慧而新奇的脑筋急转弯进行串场。这些都是瞬间吸引孩子们注意力非常有效的方式。浙江经济广播电台的《大手拉小手》曾成功举办过《与科学家对话》节目，在当年获全国经济广播电台少儿节目一等奖。这一节目的成功之处在于，它不但充分调动了孩子们的好奇心——给科学家提问题，而且让孩子们在与科学家的对话中积极开动脑筋。天真有趣的问题通过小主持人和打进热线电话的小听众问出来显得特别稚嫩好玩，而科学家面对可爱的小朋友，回答得也有声有色、通俗易懂，整个节目不仅信息量大而且充满童趣，十分吸引人。

3. 天真单纯，易受影响

少儿处于生理、心理发展的重要阶段，生理、心理尚未成熟，世界观尚未完全形成，缺乏辨别是非的能力。他们天真烂漫，十分可爱，但同时又十分单纯，凭直觉感知事物，很容易受外界事物的干扰和影响。一旦这种干扰和影响不是良性的，那么他们就会被污染，身心健康受到危害，后果不堪设想。反之，这一心理特性如果引导好，孩子们就会良性发展，茁壮成长。一位家长介绍说，自己的孩子20个月大，还不怎么会说话，对云南广播电台《叮当双响炮·幼儿篇》节目中主持人丁叮和当当做错事后的"真糟糕"那句话印象最为深刻，凡是自己闯了祸就大喊一声"糟糕"，然后等着大人来收拾残局。这就表明《叮当双响炮·幼儿篇》节目很好地实现了引导孩子向善向美、培养他们辨别是非的目的。

因此，少儿节目主持人要从思想观念上加以注意和调整，不能仅凭成年人自己的感觉和喜好来编排、主持节目，应善解"孩"意，以身作则，真正用心与孩子交流，并用孩子乐于接受和真正喜爱的方式，达到启发、教育和引导的目的。

三、发挥娱乐教育功能

"大人认为的少儿节目并不等于孩子想看的节目"，在2004年12月12日举行的中国青少年社会教育论坛广播电视分论坛上，美国尼克少儿频道节目创意总监简宁慧的发言让台下众多国内少儿节目制作人感慨不已。当天分论坛的主题是"为孩子说话，说孩子的话，让孩子说话"，刚刚从迪斯尼公司"跳槽"到尼克少儿频道的简宁慧对这个主题理解得更深刻一些。"孩子第一！别的免谈！"简宁慧认为，少儿节目要尊重孩子的选择，做孩子的帮手，"做少儿节目的大人不要做自己现在觉得好玩的节目，而要想想你小时候觉得什么好玩。"

确如简宁慧所言，"好玩"非常重要。20世纪70年代，《芝麻街》工作坊便提出了娱乐可以是有效的教育工具的假设，运用这种理念成功地制作出享誉全世界的经典儿童节目《芝麻街》，并在全球140多个国家和地区播出。这与我们所提倡的寓教于乐颇为相似，只是我们在落实的过程当中经常由于过于强调"教"而把节目做得有些"累"、有些尴尬，结果因为"教"的痕迹太重，既没有实现教育目的，更没有达成娱乐效果。如今所倡导的Edutainment（教育娱乐）观念则是通过玩乐来传递学习信息，强调好玩、快乐才是最主要的，学习和教育只是副产品。这一观念很好地适应了孩子们的生理与心理需求，首先达成让孩子们觉得好玩、快乐的节目效应，然后在这一基础上尽可能"润物细无声"，了无痕迹地让孩子们快乐地增长见识和接受知识，真正达到节目传播的目的。根据这样的思路，云南广播电台制作了很多深受听众喜爱的节目，如《叮当双响炮·幼儿篇》主要是针对7岁以下孩子制作的节目，在这个节目中，主持人丁叮和当当是孩子们很好的模仿对象，因为他俩非常主动也非常合群，他们彼此喜欢、互相帮助，他们用热情和好奇去接近每一件东西。孩子们在收听节目的同时，会不由自主地跟着丁叮和当当说话，跟着丁叮和当当唱歌。播出后，有不少听众反映自己的孩子慢慢开始在日常生活中学着用丁叮和当当的样子对别人说话了。显然，这个节目中的丁叮和当当在达到娱乐好玩的目的的同时，也让孩子们自觉自愿地认识了事物、辨别了是非。

四、广播少儿节目的创新编排思维

广播的最大特点就是它"稍纵即逝"的声音属性。前面我们已经说过,少儿时期是一个人一生中必经的阶段,这个时期少儿无论是生理还是心理都有其独特的一面,这恰恰也是我们在创作节目的时候必须考虑的特殊性。简单来说,成年人会因为种种原因或需求坐下来听节目,而对孩子们来说,他们选择听下去的唯一理由就是因好奇而感兴趣,这中间他们也很有可能被其他事物吸引而转移注意力,所以,在创作广播少儿节目时,我们首先要重视的问题是,如何利用广播的特点来结构、串联节目,以怎样的方式来组织语言,从而让孩子们乐意听,并且持续听下去。这就要求少儿节目主持人在节目创作过程中充分发挥个人在形象思维、创新思维等方面的优势,形成自己独特的思维方式和思维观念。

1.形象思维

形象思维是人的大脑自觉反映客观具体形态或者物象,运用具体形象加工感性形象,从而能动地指导实践,创造物化形态的思维过程。形象思维是少儿节目主持人在前期创作过程中运用的主要思维方式。

首先,从少儿节目受众的思维特点来看,少年儿童的思维处在以具体形象思维为主,逐步向逻辑思维过渡的阶段,这说明他们凭借直观的具体形象和表象接受事物、理解事物,而不像成年人那般借助概念、判断和推理来认识事物。对于6~14岁的受众来说,在没有图像、文字表述的信息中,能迅速接受、理解、记忆的内容仅占70%,而能够记忆的内容仅不到10%。

其次,从广播媒体自身的传播特性而言,广播节目是用声音打动人的,和平面媒体比起来,绘声绘色的语言、恰如其分的音乐和音响效果都会让广播在传达信息时更加立体、形象。

形象思维在少儿节目构思与编辑过程中的具体运用常有以下几种方式:

(1)用具体形象的细节描述,体现广播语言的生动性

著名语言学家罗曼·雅各布森指出,语言符号不提供也不可能提供传播活动的全部意义,交流的所得有相当一部分来自语境。①广播语言是有声语言,是用来"读"和

"听"的，广播语言非常重视语境，生动性是广播语言的主要特点之一，而源于生活的具体形象的细节描述又是有声语言生动性的根源所在。同时，广播对象的年龄、心理、生理发展水平也决定着广播语言的风格。少儿节目的广播语言对生动性有着更高的要求。下面是中央人民广播电台《小喇叭》播出的童话故事《药伯》修改前后的对比，以其中一段为例：

青石山上的景色像画一样美，碧绿的草地映衬着五颜六色的野花，有的像铃铛，有的像绣球，微风吹过，好像一个彩色的风铃。（修改前）

青石山上的景色，多好看啊，简直像一幅顶好看的画。绿莹莹的草地上，开满了各色各样的花儿，一串一串的铃铛花，一嘟一嘟的绣球花，还有那太阳一照，就闪着红的、黄的、蓝的、白的、紫的，各种颜色的花。风一吹，花瓣叮叮咚咚的，比音乐还好听呢！（播出稿）

修改后的文字生动性明显增强，加上播音员绘声绘色的演播，有利于儿童听众一边听一边想象，就会收到很好的收听效果。

（2）用直白易懂的修辞手法体现广播语言的画面感、思想性

在广播少儿节目中，画面感、思想性的体现，既要运用儿童易懂的口语，还要注重效果，那就应当力求直白形象的修辞了。正如中国广播电视协会青少年儿童节目工作委员会（广播）秘书长、《小喇叭》节目组组长李晓冰所说："我明白了给孩子们做节目，一是要让他们听得懂，华丽的辞藻远不及'白话'更直接、更通达；二是要让他们理解所讲的内容，那些远离他们生活的情节，是无法让他们产生联想和想象的……王成玉老师一再告诫我'要学会写大白话，给孩子听的大白话最难写。这些大白话不仅要浅显易懂，而且还要有一定的思想内涵'。"

所谓直白，就是指朴实简明、通俗易懂。少儿节目语言之所以要直白，是因为少年儿童尚处于发育阶段，与他们进行交流，语言一定要上口顺耳、明晰动听，使之听得明白、易于理解。为此，主持少儿节目必须着眼于提高语言的易懂性，选择恰当的修辞方法。在选词上，应当少用生词、术语，多用基本词汇，如果非用不可，则要做出通俗的解释。在用句上，应当少用长句和复合句，多用短句、简单句。在修辞手法上，应当从少年儿童的特点出发，选用那些能够营造富有少儿气息语言情境的修辞手

法，带给小听众有声音、有画面、有颜色、有动感的语言，让他们通过听觉、视觉等多种感觉的相互作用，产生联想。儿童的注意力还不稳定，"有声有色""能动起来"的语言才能在最短的时间吸引他们、捕捉他们的耳朵。请看中央人民广播电台《小喇叭》里《毛虫的故事》中的一段：

冬爷爷刚走，春姑娘就来了。

春姑娘头上戴着用红花、白花、黄花编成的帽子，身上穿着绿色的衣裳，打扮得可漂亮了。她张着像薄纱一样的翅膀飞来飞去，飞到田野里，飞到花园里。她飞呀飞呀，飞到一棵大树旁边，看见树枝上，挂着一个土黄色的小包包。风轻轻一吹，小包包就随着风摇摇摆摆。这是什么呀？春姑娘停下来看了看，哦，知道了，这个小包包是小毛虫的房子哩。

这段文字中拟人、比喻、设问的修辞手法、大量描绘颜色的词语和充满感情色彩的称呼"冬爷爷""春姑娘"，让春天的图景生动地跳到小听众的眼前，弥补了广播缺少画面的不足。

（3）用孩子喜欢的故事情节体现广播语言的趣味性

少儿节目也是在向孩子传递信息。少儿节目编辑在进行信息编辑的过程中，要选择那些儿童熟悉的可感知的实物形象、生活情境和故事情节来进行加工。比如，要传达给儿童听众"云层中的水汽凝结成液态，然后降落到地面形成雨"的信息，中央人民广播电台《星星火炬》中的科普童话故事《水姑娘》是这样描述的：

小河里的水"哗啦哗啦"地拼命往前冲，好像在跟谁赛跑似的。

这时候，水桶老伯伯迎面走过来，一下子就把水姑娘抱起来了，说："孩子，来吧，到我家里歇歇吧！"水桶伯伯回到家，就把水姑娘送进了铜壶里，放在火炉上了。

壶盖盖上了。水姑娘躲在黑乎乎的铜壶里，真闷呐！她简直想哭了。过了不一会儿，水姑娘浑身热起来，仔细一听，壶下面有"呼呼"的声音。这是谁在叫唤呢？水姑娘敲了敲壶底问："喂，你是谁呀？"

铜壶底下的火公公说："我是火啊！"

只听见火公公说了一声："好了，开了！"

水姑娘就像一股轻烟似的从壶嘴里飘了出去，变成了一片水汽。正在墙角歇着的水桶伯伯看见了，大叫起来："咦！水姑娘，你往哪儿跑哇？"水姑娘拖着白白的像纱一样的长裙子转了一个圈说："水桶伯伯，这回你可捉不住我了。"

她还没说完，风大哥跑了过来，大声嚷着……

故事从"水变成水蒸气"这个儿童生活中经常看到的现象讲起，把水变成水蒸气过程中需要的水、火、风设计成了水姑娘、火公公和风大哥这些儿童容易接受的形象，使本来枯燥的信息知识介绍变得鲜活起来。

（4）用真实恰当的音响、音效体现广播语言的形象性

音响和音效是广义广播语言的重要组成部分，是体现广播特色、实现广播形象性的重要手段。广播少儿节目应注重音响和音效的恰当使用及其带给少儿听众的真实感受。

还是以童话《水姑娘》为例，在上面文字的基础上加入音乐和音效：

（欢快的音乐，小河流水声音）

小河里的水"哗啦哗啦"地拼命往前冲，好像在跟谁赛跑似的。

（音乐继续，水桶打水声音）

这时候，水桶老伯伯迎面走过来，一下子就把水姑娘抱起来了，说："孩子，来吧，到我家里歇歇吧！"水桶伯伯回到家，就把水姑娘送进了铜壶里，放在火炉上了。

（盖壶盖的声音，"呼呼"声跳跃感的音乐）

壶盖盖上了。水姑娘躲在黑乎乎的铜壶里，真闷呐！她简直想哭了。过了不一会儿，水姑娘浑身热起来，仔细一听，壶下面有"呼呼"的声音。这是谁在叫唤呢？水姑娘敲了敲壶底问："喂，你是谁呀？"

铜壶底下的火公公说："我是火啊！"

只听见火公公说了一声："好了，开了！"

（轻快的音乐）

水姑娘就像一股轻烟似的从壶嘴里飘了出去，变成了一片水汽。正在墙角歇着的水桶伯伯看见了，大叫起来："咦！水姑娘，你往哪儿跑哇？"水姑娘拖着白白的像纱一样的长裙子转了一个圈说："水桶伯伯，这回你可捉不住我了。"

（风吹过音响）

她还没说完，风大哥跑了过来，大声嚷着……

一段枯燥的文字加入轻快跳动的音乐、水声、水桶打水声、风声，再配上播音员生动的演播，使儿童听众更易于接受，并通过声音形象产生联想，一幅有趣的卡通画面便会浮现在他们眼前，进而获得收听广播的快乐。

2.创新思维

少儿节目要注重培养儿童的创新、想象与表达能力，这是毋庸置疑的，但要想做到这一点，节目从策划开始就得力求内容与形式上的推陈出新，而这必然要求节目主持人具备一定的创新思维。创新思维是形象思维和逻辑思维的创造性结合，落实在广播少儿节目的策划编辑中，就是既要较好地完成形象思维的任务，把主持人所要传递的信息通过具体的声音形象表现出来，同时又要用合理有序的逻辑思维来构建这些具体的形象，充分地表达编辑过程中的思想。在这样一个大前提下，使二者的结合方式求新求异，出现亮点。

中央人民广播电台的少儿节目《金丝猴"大胆儿"》在创新思维运用方面体现得尤为充分，它在第34届亚洲—太平洋地区广播发展机构年度会议上获得2008年度最佳少儿娱乐节目奖，这也是该届唯一获得此奖的广播节目。主创人员首先考虑，根据少儿的生理特质，他们不太可能对同一件事保持太长时间的注意力，因此，在尝试了几种节目结构之后认为，要在尽可能短的时间里完成一个完整的有意义的思想传达，讲故事是最好的一种方式。故事中有生动的形象、曲折的情节发展。几乎所有人在听故事的时候都会引发一系列的想象，会追着故事的脉络发出"后来呢?"这样的疑问。如果这个节目的小听众在听节目时也产生这样的反应，那么这个节目就算成功了一半。

在湖北进行前期采访的时候，节目主创人员得到了一个很有价值的故事原型，那就是野生金丝猴的代表——"大胆儿"，因为它第一个吃了人类为猴群准备的苹果"点心"，生活在"神农架金丝猴研究与保护中心大龙潭研究基地"的其他野生金丝猴因为仿效它才不至于在寒冷的冬季饿死! 同时，主创人员还了解到了别的小猴有趣的生活情态，于是把这些都集中在"大胆儿"这一只猴子身上，尽量赋予它真实丰满的主人公形象，塑造出一个活泼可爱、拟人化的金丝猴。节目还设计了在幼儿园里现场为几个孩子边放有金丝猴音响的录音边讲"大胆儿"故事的这一特殊场景，把更多的时间留给孩子，让他们放开表达自己的想法，不打断、不评说，让孩子们尽情地投入到这个故事所营造的情境中，发挥想象，畅所欲言。真正做到让"大胆儿"和孩子们成为这个节目的主角。这样，节目现场的孩子因为投入而更加专注，收听节目的孩子则因为可以听到同龄人对他们共同的朋友"金丝猴"的议论而对这个节目更有兴趣。

第六节　灾难应急广播

一、背景提示

2008年春天，南方发生了大面积的低温雨雪冰冻灾害，5月12日四川汶川发生8.0级强烈地震，造成了重大的人员伤亡。那一年，因为这些突如其来的不可预知的灾害，道路受阻，电力设施停止服务，通信也随之中断，灾区的人民无法获知信息。广播因其特殊的媒介属性（收听设备简单、价格低廉、不需要交流电源供应、信号可在地域全面覆盖、信息可以随时更新、能够长时间陪伴和抚慰受众）而成为在突发灾难时最有力的不可替代的传播媒体。汶川地震发生后，中央军委、中宣部、广电总局、中央人民广播电台以及北京、安徽等地方广播媒体向灾区捐赠收音机约30万台。广播充分发挥了抗震救灾的应急传播的职能，体现了广播的媒介担当和社会价值。

在整个救灾过程中，广播因为独有的媒介属性，准确及时地发布权威信息，稳定人心，人性化地进行心理疏导和抚慰，及时传输最新的抗震救灾知识，这一切都显示了广播在信息发布方面的及时性和权威性。

作为应急管理的重要手段，应急广播日益得到世界各国和国际组织的广泛关注。我国的应急广播建设也不断发展、完善。目前架构当中的国家应急广播体系主要由"三制一案一网"构成，即国家应急广播体制、国家应急广播机制、国家应急广播法制、国家应急广播预案和国家应急广播网。2013年4月22日，雅安地震后，中央人民广播电台首次以"国家应急广播"为呼号，在突发灾难中对灾区民众定向播出了应急频率。在之后的芦山地震和鲁甸地震之后，中央人民广播电台联合地方的广播电台及时开办了针对灾区受众的应急广播电台，受到了灾区政府和群众的欢迎。目前，我国14家广播电台都成立了应急广播的频率，四川、广西等省区已经开展了专门针对应急广播的研究和建设。我国应急广播标准正在制定当中。应急广播比较难解决的问题就是"最后1公里"，目前主要采用的是RDS（Radio Data System，无线数据广播系统）远程唤醒技术。RDS收音系统具有"交流信息"的功能，若发生重大紧急事件，电台会发送特殊信号，令收音机强行播放。另外，RDS收音系统还具有时间基准发射、自动调准收音机时间等功能。

当面对重大的自然灾害、突发事件以及公共卫生或社会安全方面的公共危机时，应急广播提供了一种迅速快捷的信息传输通道，在第一时间把灾害消息或灾害可能造成的危害告知人民群众，让民众在第一时间知道发生了什么事情，应该如何撤离、避险，将生命财产损失降到最低。

应急广播体系的建设有赖于国家的重视和专业的技术推动。目前，美国的应急技术可以随时打开已经关闭的广播和电视接收设备发布信息。我国目前也在加紧进行技术和硬件设施的推广。本节所论述的应急广播不仅包含重大灾难来临时针对整个地区的全面广播频率，也包括不同地方面对突发事件和灾难所做的小型的有针对性的应急广播节目播出的内容。

2015年11月，"2015年中国应急广播大会"在北京举办，大会的主题是"大数据、社交媒体与应急广播"。大会旨在通过政府、媒体和应急领域等行业之间的沟通，探讨新媒体技术在应急广播中的运用和发展，提升应急信息多终端精准投放的能力，借助社交媒体实现人与人之间的互助互救，借鉴其他国家应急广播与新媒体融合发展的经验，思考中国应急广播的融媒体发展之路。会议发表了宣言："危难之中，为确保应急信息畅通、准确、高效流转，社交网络和大数据也同样需要应急广播。自由无缰的网络平台上，真相和谣言共存，诘问与非难同在；混乱之中渴望可以信赖的声音和信息。

二、灾难面前必须建立能够依靠的权威

应急广播传播的内容需要精心策划和报道，其主持的风格需要特别设定。只有了

解这一特殊的广播形式，把握特殊时期定点定向传播的主要规律，制订预案，在灾难真的来临之时才能把握传播方向，做切实有效的传播。由于应急广播时间上的特殊性，播音员、主持人在传播的过程中应该承担更多的职能。应急广播对主持人在稿件信息的核对整理、主持情绪和风格的把握、心理疏导的科学性等方面都有较高的要求。

面对突如其来的灾难，身在灾区的播音员、主持人所承担的压力和责任是巨大的，他们首先需要的是强烈的责任心和职业意识。2009年获得主持人"金话筒奖"的孙静是成都交通广播的节目主持人，孙静以泼辣的主持风格被受众冠以"麻辣女主播"的称呼。2008年5月12日下午2点28分，四川汶川发生特大地震。下午3点是孙静正常的节目时间，如果没有大地震，她主持的将会是一期普通的交通资讯服务节目。当天下午2点55分，孙静不顾余震不断的危险，强压住内心的紧张，提前五分钟走进直播间到达岗位，透过无线电波向市民传出了地震后成都第一个声音："现在你听到了我说话的声音，我们心里的感觉是一样的。虽然我们现在没有见面，当然刚才那一刻让我们感觉到了生活在这个世界是多么的美好。现在不管你在什么位置，一定要注意安全……"这时，广播的重要作用以及主持人的抚慰作用就凸显出来。关切的话语在天空飞旋、弥漫。通过连续不断的电波声，孙静干练而沉静的声音让惊惶未定的市民逐渐镇静。可是要播什么，如何传递信息，当时还没有一个完整的预案。那时，她能做到的只是不引起民众无谓恐慌，更多地提供逃生和救护知识，为市民搭建一个信息中转和互报平安的平台。如今，灾难已经过去，在屡次出现的突发事件中，我们应总结应急广播节目的主持人应该遵循的原则和节目传播的规律。

三、第一时间发布灾情信息

灾难发生的时候，事实性的信息最重要，真实准确的信息发布是应急广播电台的首要任务。主持人需要做的是将信息真实准确地在第一时间进行发布。

灾难的发生会导致各种各样的信息，包括谣言的传播。广播电台的应急节目选取信息的第一标准是准确真实，而不是单纯的时效性。不能为了"抢"新闻而发布虚假的消息，因为信息一旦发布，传播的后续效应便已产生，在特殊时刻，虚假信息的负面效应会被放大。报道突发事件的原则应该是，先发布最重要的事实性的信息，具体的信息细节在滚动播出时不断进行补充，严格审查信息来源，不能保证真实的信息不能播出。

　　成都交通广播的主持人孙静，在汶川地震发生26分钟后，工作间的网络终于畅通，新华网上的权威消息显示：在汶川发生了地震。孙静在第一时间将该消息通过电波告知了成都市民，并反复提醒市民注意安全。甘肃电台交通广播的记者在汶川地震发生4分钟后就到达甘肃地震局开始采访，不到半小时就发布了权威消息。北京交通广播当天下午推出《关注汶川地震的特别节目》，还第一时间澄清了"北京当晚会发生余震"的谣言，起到了稳定人心的作用。中央人民广播电台、上海文广新闻传媒集团和北京、陕西、重庆、四川等多家电台都通过整合资源，对灾情进行了并机直播。

　　类型化的专业频率也会对突发事件进行应急处理。2012年11月4日凌晨，北京的气象部门发布了全市暴雪橙色预警及西部北部红色预警，中央人民广播电台高速广播迅速启动应急预案，播出了特别节目《北方大雪进行时》，密切关注雪情。降雪导致京藏高速公路通行受阻，高速广播凌晨派出记者。在4日上午的节目中，直播间主持人实时与被困司机及首发集团负责人进行电话连线，稳定受众情绪，使被困人员了解救助的最新情况。

四、传递抗灾知识

　　灾难发生之后，除了及时有效地传递新闻信息，把握舆论导向之外，广播有针对性地提供服务也很重要。几次地震灾难发生时，各个广播频率的应急广播都及时地传递了抗震知识，内容包括自救的方式及灾后防疫的卫生知识。

　　应急广播节目要把握好有针对性的服务和广泛服务两种服务模式。对于定点定向的应急广播频率以及灾难发生初期的应急广播节目，要多做有针对性的抗灾知识的传递，并反复播出。传递知识和提供服务时，要注意符合广播声音的传播特点：简单、通俗易懂、可操作。在灾难发生的中后期，应急广播频率以及非应急广播专业频道，应面对受众群体本身，做和灾难有关的贴近性的服务。

2012年11月的北京暴雪，中央人民广播电台高速广播特别节目《北方大雪进行时》的主持人在节目中请到了专家做客直播间，为受众提供雨雪天气的行车经验，第一时间为司机朋友提供了行之有效的应急方案。

五、通过广播报平安，寻找失散的亲人

人是灾难中最重要的元素，灾难来临时，因为通信的中断，亲人之间的联系变得格外重要。广播一直是最具人性化特点的媒介，此时，应该为受众构建一个用无线电波织成的空中网络。

还是孙静，在地震过后的转播车中，用她的声音交织起一个亲人互相挂念的无线网络，为他们搭建起互报平安的特殊平台："有可能你的手机暂时失去了功能，不能联系家人，不能互报平安，但我们的节目会正常播出，会把音乐提供给你，更会给你提供及时的帮助……"中央人民广播电台中国之声也在节目中滚动播报平安者的名单。这些平时听来异常单调枯燥的一个个普通名字，在特殊时刻却是温暖的信息，使实际需要这些信息的受众得到了功能性的满足，这对更多的普通受众来说，更是温暖的抚慰。对广播机构来说，这正是彰显广播媒体人文情怀，树立、完善广播媒体形象，扩大广播传播社会效益的表现。

六、对灾区民众进行心理疏导

灾难过后，巨大的人员伤亡和财产损失会给受灾者带来看不见的心理伤害，以往，这部分伤害是被忽视的。对灾区人民进行心理疏导，是广播凸显人文关怀，用类人际传播提供帮助的重要方式，具有自身的媒介特点。汶川地震发生之后，中央人民广播电台经济之声联合中国医师协会、华夏心理网等专业机构，推出了大型心理干预节目《彩虹行动》，同时开设了24小时全国免费心理救助热线，提供点对点的心理支持服务，科学系统地为灾后民众提供心理干预。

主持人在应急广播时进行心理干预需要注意的是首先调整好自己的心态。和灾区所有的民众一样，灾难给主持人个人的心理也造成了伤害，调整好自己的心态才能正确有效地帮助别人。当然，调整心态也不是一味地坚强挺住、冷静平和，对灾民感同身受，适当地发泄情绪都有助于主持人调整好自身的心态。

另外，心理疏导是一门科学，不是想当然的感性思维。有时，人们通常理解的抚慰他人的方法其实是错误的，在实际操作中可能会有反效果。这就要求主持人平时注意心理学知识的学习和积累，不自以为是地传递错误信息，关键时刻，寻求专业心理学家的帮助，通过自身与专家的探讨给予受众更加专业的服务。

七、运用媒体影响，组织义演和捐赠活动，创造价值

广播作为媒介在灾难中除了提供信息与服务外，还应发挥更重要的作用。广播电台是大众传播的媒体，在社会上具有较强的影响力。灾难发生时，广播应有效地利用这一影响，积极组织活动，并和相关的慈善机构紧密合作，通过义卖、义演等多种方式拓展捐赠的渠道，创造物质价值，并将这部分价值运用到灾区的救灾与重建中，这是广播大众媒介价值的特殊体现。汶川地震后，全国45家主流广播媒体所捐赠的钱物，其价值超过了2亿元。

第四章

新媒体广播节目主持

第一节　新媒体广播

节目背景：随着媒介融合的不断深入，我们身边的媒介环境也在发生着巨大的改变。广播媒体在经历了汽车普及、互联网普及两大波冲击下，在2008—2016年处于黄金时期。之后的广播变得不再单纯只有"广播"，告别了"我说，你听"的时代，当下的受众群体面对着：车载WIFI、收音机、音乐等多重选择，听广播的人开始大量流失。传统广播媒体转型成为广播节目的新方向。

一、新媒体广播节目

传统的广播节目以"我说，你听"，伴随性为主，所以大家在传统意识上想到的是电台的午夜档节目，这也是很多学生对于广播电台的固定印象。随着广播4.0的裂变，现在的广播节目是集合"音视线上线下"为一体的多媒体融合。现在的广播节目从表现形式、节目类型、互动方式、活动搭载和运营机制上都有明显的改变：

1. 广播节目的表现形式非常多元

主持人可以在节目中以说、唱、演的方式来做节目，广播还可以结合视频直播，同步上线。

2.广播节目的类型覆盖面非常广泛

以绵阳交通广播（FM103.3）为例，全天13档直播节目中，有早晚高峰（新闻）、旅游、汽车、房产、财经金融、音乐、直播带货、美食、法律，涉及生活的方方面面。综观全国的广播电台，无论是交通广播、新闻广播还是音乐广播，所有的节目类型都离不开"生活"两个字，网罗面广、覆盖面大就是广播节目的特性。

互动方式：广播节目直播过程当中，电话连线依旧是主要的互动方式，微信公众平台则作为主要渠道，微信用户的留言满足了大部分听众的互动。当前的广播节目除了微信和电话两种沟通方式的互动外，还有单向互动，如将今天的节目内容提前编辑好，在微信后台制作关键词，在节目中让听众回复关键词，即可触发图文，这种单向的互动方式，弥补了广播的不可视的短板。

二、广播节目不只是线上呈现，更多的是线下的输出和活动的搭载

许多的优秀电台具备大型活动的策划和执行能力，相对应的活动辐射生活的各行各业，相对应的节目为对应的活动引流造势，形成线下活动现场节目的结合表达。

三、运营机制

每一档广播节目都是一个领域的半个专家，现在全国不少的电台将节目变成工作室（外包制），工作室不仅有节目主持人负责节目，还要负责现在客户的跟踪，活动的策划执行，客户的投放，以该节目为中心点，成为一套完整的运营机制。不少广播电台会将部分版块外包给团队，来打造专业节目。

第二节　新媒体广播节目类型

广播节目类型丰富而多元，选择做一档什么样的广播节目，是广播主持人需要审慎考虑的问题。举例说明：以每个城市都有的早高峰节目为主，有的电台会选择以音乐加交通路况加游戏互动的方式作为内容呈现，那这档节目的定调就为"轻松，伴随"，节目的受众群体以私家车上班族为主，这类人群的画像可能会以中青年群体为

主；有的电台的早高峰节目则会以新闻加交通路况为主，此时节目的定调虽然也可定位为"轻松，伴随"，但更要加入民生和服务，增加早高峰在受众心中的公信力和影响力，此时的节目受众群体就更多地涵盖出租公交私家等想要获取新闻信息的人群，这类人群的画像可能会以中年居家为主。

根据不同的节目类型，会有相对应的节目风格和节目群体。当然我们也可以反推，你拿到一档什么样的广播节目，先去给需要这一类型信息的受众群体画像，再来定义节目风格和主持人状态。举例说明：如你需要做一档健康科普类型的广播节目，那这档节目的受众一定是有身体健康方面的咨询，以及健康知识方面的科普，节目定位一定包含专业性，而这时整个节目的定位就不能过度的娱乐化，但是也不能过度的专业化，应该将节目定调为：轻松，科普。这时主持人以温和、知性的主持风格是最为合适的。

一、广播节目编排

所有的备稿都离不开"备稿六步"，但是在当下广播节目的备稿过程中，取舍显得非常重要。

以一档一个小时的广播直播节目为例，首先要遵循广告开口。广告开口即固定切入广告的时间，一般的广播电台会以15分钟为一个切口，一个小时的直播节目，会设计5个广告点位，这样一个小时被切分为4个15分钟。因为广播即时，伴随的媒体属性，每一个15分钟都需要输出一次新的内容。传统广播一个主题说一个小时的时代基本已经过去，现在的广播节目节奏快，密度强，普通广播节目基本以15分钟为一个小版块，在规定时间内没有说完，也不许留恋，快速总结，在下一小节开启下一个版块；早晚高峰节目的节奏会更快，虽然设15分钟一个小版块不变，但在一个小版块内要每3分钟输出一个新的信息点。

二、节目嘉宾

嘉宾整体的选择标准要符合：专业且有表达能力。

有很多的嘉宾非常专业，但是面对话筒容易紧张，脑子里有东西但是说不出来。主持人在对接嘉宾时要通过和嘉宾的沟通，判断嘉宾参与节目的效果能否达到节目标准，如果觉得嘉宾表达能力一般，可以通过更换嘉宾或者减少嘉宾内容比重的方式来改进。

主持人和嘉宾的沟通技巧应遵循多引导、多提问的方式。

将采访提纲列好后，按照提纲来进行嘉宾访问，如果嘉宾就某一个问题没有回答详细，可以进一步追问，让嘉宾更好地表达，尽量避免替他回答。

嘉宾在做节目时，尽量避免辞藻堆砌和说空话套话。当出现陌生领域的介绍时，比喻和类比是比较好的表达方式。

双主播主持节目，有搭档互动，节目的互动性和轻松性会增加。当双主播节目需要加入嘉宾时，要协调两位主持人之间的角色，其中一位主持人也适当地扮演搭腔的角色，把时间和内容留给嘉宾，两个主持人之间要安排好主次，出现分歧时统一听谁的。

第三节　新媒体广播节目备稿

以绵阳交通广播早高峰节目《华丽丽的上班路》为例。这是一档早间1小时30分的快节奏新闻资讯类节目，以下是节目要素。

【端午前，这群传统文化爱好者，穿汉服承古礼祭祀屈原！】

【第二届青少儿金话筒大赛复赛：乘风破浪的小少年来了！】

【金家林二期、大包梁等六个安置点项目建设进入尾声　年底达到交付条件】

【网友称"东航周末随心飞有余票无法订"：刷新多次都没成功】

【猫咖疫情期间倒闭，网友曝"富二代店主抛弃13只病猫去国外"】

【"硬核"毕业礼！"华中农大毕业生开拖拉机收割机巡游"】

【身份证明过期22分钟酒店不给入住】

【"高尔夫"新车没有防尘罩　车主怀疑买到展车】

【诊所里面争吵之后　顾客收到"吓人包裹"】

【"带儿子看齿科后收到花圈"后续：寄出花圈和吓人蟑螂的诊所员工　已被行政拘留】

【张文宏称北京疫情非第二波疫情来临】

【大二学生的父亲节献礼：陪爸爸工地干活体会生活不易】

【女儿陪伴七旬渐冻症父亲问诊："节日最好礼物"】

【百事公司北京分厂出现确诊病例，已停产停业】

【百事中国声明：百事可乐工厂未出现确诊病例，全国正常供货】

【男子在家藏钱　掏出来数有11万】

【重庆潼南8名小学生在涪江河滩游玩落水，搜救工作正在进行】

【父亲两次为白血病女儿捐骨髓："有他在就没有绝境"】

【阳光保险一支公司被指不履行车祸赔付金，回应称资金周转困难】

【佛陀想让你笑一笑！文化站回应石窟佛像表情滑稽：修缮后原貌没大改变】

【广州2名男童车内身亡，警方：自行进入车内被锁不懂脱困】

【5人隧道内停车"社会摇"，交警依法传唤并处罚】

【特朗普称将出台新的签证限制措施，"确保美国人优先获得工作"】

【临沂市长质问住建局局长：干不成免你职位，我辞职】

【四川攀西高速一桥梁出现错层，高度差超过10厘米】

【该出手时就出手！重庆一小区起火，"消防通道被占众人将私家车掀到路边"】

7:30～8:00（小标题）神采飞扬打鸡血

播放台宣　　播放《买车找乐天》

【端午前，这群传统文化爱好者，穿汉服承古礼祭祀屈原！——直播绵阳】

（6月20日）下午，绵阳一群汉文化爱好者相约于游仙区芙蓉河畔，举行祭祀屈原活动，缅怀伟大爱国诗人屈原。在悠悠古乐声中，祭祀正式开始。古老质朴的器具，雅致洁净的陈设，无不透露出浓厚的中国传统文化气息。数名汉文化爱好者穿汉服，分别担任传统祭祀当中的有司、赞礼、三献官等角色，然后净手有序入场。"祭灵于芙蓉溪畔，属以文曰：水浩浩以沧浪，天渺渺以无疆……"声声祭文中，祭者在执事官引导下，面向芙蓉溪进行"初献"：敬香敬酒并叩拜。

随后，现场参与者在典礼官的引导下，依次上前敬香，尽诉对屈原的敬仰和缅怀之情。整个仪式有条不紊、简约肃穆。在活动现场，有不少家长带着孩子一起来体验这项端午活动。"想让孩子从小就知道，端午节不只是放假和吃粽子，更重要的是为了纪念伟大诗人屈原和那高尚的情操。"学生家长邓钦予说。"我们着汉服、循古法，祭祀屈原，不仅仅是为了纪念，更重要的忆念其背后的精神。他的爱国主义、坚守理想的执着、不同流合污的高尚节操，是我们应该从端午节日里学习和了解到的。"汉文化爱好者陈丽萍介绍说，慎终追远，是为了更好的传承。

新闻链接：屈原，战国时期楚国诗人、政治家。写下《离骚》《九章》《九歌》《天问》等不朽诗篇，表达出对祖国对人民的热爱、对黑暗政治的斥责，对恶势力的抗争。公元前278年秦将白起一举攻破楚国首都郢都，屈原深为国破家亡而悲痛，五月五日投汨罗江而死。

【第二届青少儿金话筒大赛复赛：乘风破浪的小少年来了！——直播绵阳】

综艺《乘风破浪的姐姐》正在热播当中，30位30岁以上的女演员、女歌手齐聚一堂，在"女团"的新领域里重新出发，让人感到满满的正能量。但是，热血与勇气，绝不只属于乘风破浪的姐姐们，还有参加绵阳市第二届青少儿金话筒大赛的小少年们！

今天（6月20日），绵阳市第二届青少儿金话筒大赛复赛，在绵阳市广播电视台举行。和上一届比赛不同，本届比赛采用"云端"视频的方式进行海选，报名选手通过提交一段一分钟以内的语言才艺表演视频来参加海选。所以，这次复赛，对于参赛的小少年们来说，也是比赛中第一次和评委面对面，说不紧张，那是不可能的！

比赛共分6组，小选手们按照自己的组别排队，依次进入表演间展示才艺。由于每个选手只有3分钟的才艺展示时间，为了在有限的时间里展示出最好的自己，小少年们也是争分夺秒加紧练习。

12岁的任子鑫准备的是古诗朗诵《水调歌头》，为了让自己的表演更有氛围感，他还特意穿上了古风服装。但在等候时，依然不停地面对墙壁练习。

"我欲乘风归去/又恐琼楼玉宇……"任子鑫反复地练习着这句词，只为让自己的动作可以更自然，更流畅。

虽然有一点小紧张，但任子鑫对自己还是很有自信："我来就是为了赢，奥力给！"前面的小选手出来了，任子鑫深吸一口气，走进了比赛间。

"明月几时有/把酒问青天/不知天上宫阙/今夕是何年……"任子鑫声情并茂的朗诵得到了评委老师的认可，并顺利获得一张晋级卡，成功晋级下一场的决赛。

"很开心能够晋级，下一次我会做得更好!"任子鑫说。

任子鑫告诉记者，在此之前他就参加过多次比赛，希望能够通过比赛锻炼自己的口才和台风:"我的梦想是成为一名主持人，主持人对于个人素质要求很高，所以我也会继续努力，不断提升自己。"

除了小选手在认真备战，评委老师也在认真进行选拔工作。北川融媒体中心主持人罗生潮，作为复赛评委之一，负责A组选手的选拔。"小选手们的表现让我眼前一亮，很多小选手都表现得非常好，不管是语言表达还是台风都很好，让人感觉后生可畏。"

不过，罗生潮也指出，很多小朋友存在一些共同的问题:"胆小是小选手最常见的问题，有的是表演时不敢看评委，有的是一直抠手。"

对于胆量不够大的小选手，罗生潮也给出了建议:"多读、多听、多表达。有了丰富的知识储备，就能够敢于和别人沟通，表达多了，胆量也就大了。有利于孩子更全面的发展。"

【金家林二期、大包梁等六个安置点项目建设进入尾声 年底达到交付条件——直播绵阳】

科技城集中发展区安置房建设项目事关群众切身利益，也是科技城集中发展区加快建设的重要保障，目前，科技城集中发展区（涪城区属）居民安置点工程已接近尾声，项目建设进入最后的冲刺阶段。

爹口庙安置点项目设计为7栋15个单元，建筑面积3.4万平方米，主要用于安置爹口庙村的340户拆迁群众。今天（6月20日）上午，直播绵阳记者在该项目建设现场看到，天虽然下着雨，工程建设现场并没停歇，依旧在抓紧作业。

"目前有三栋楼进入主体封顶阶段，还有四栋楼主体完成一半。为了确保工程加快推进，我们安排了约160人在工地施工。同时由于雨季来临，我们有防汛防洪的措施，也有防洪人员专人值班，配备好了防洪物资，能够确保工程顺利推进，安置住户按时入住。"中国五冶金家林安置房二期工程项目总工罗珺介绍说。

除此之外，金家林安置房二期工程则已经进入到装饰装修阶段。该工程位于青义镇大新村，建筑面积47 487平方米，项目设计为3栋，主要用于安置金家林村的412户拆迁群众。

"该项目预计今年10月进行综合验收，12月前进行交付。"中国五冶金家林安置房二期工程项目总工罗珺告诉直播绵阳记者。

截至目前，除了金家林二期安置点外，鼓楼山、戈家庙、大包梁安置点均已完成主体工程建设，进入装饰装修阶段；新关寺、夯口庙等两个安置点正抓紧作业，计划今年底达到交付条件。

【网友称"东航周末随心飞有余票无法订"：刷新多次都没成功】近日，东航推出3 322元的"周末随心飞"，网友王先生称，他订购此卡后，在购买机票时出现了有余票但无法订票的现象，而用没有随心飞的账号，就可以预定。@中国东方航空APP在线客服称王先生符合购买条件，让其多刷新几次，但他始终没有成功，希望东航能给出具体原因。

用户花3 322元购买这款产品后，可在2020年12月31日前，在东航APP任意兑换周末东航除港澳台外的所有国内航班经济舱，无兑换次数限制。

【猫咖疫情期间倒闭，网友曝"富二代店主抛弃13只病猫去国外"】重庆一小动物保护组织反映，一猫咖主人因疫情影响关店抛弃13只猫。爆料人称，女孩开猫咖是一时跟风，斥巨资装修店铺，疫期关掉店铺后，她把品种好的猫卖掉，出国后将剩下的13只生病的猫寄养，最近人联系不上，猫的治疗费伙食费也不给了。

【"硬核"毕业礼！"华中农大毕业生开拖拉机收割机巡游" 🐱 】武汉@华中农业大学 开展"异曲同工"毕业巡展，师生以一场特殊的专业实践课，共同欢庆毕业。这些农业机械装备全部是工学院师生在专业实践教学中学习和使用的，包括多种型号的拖拉机、播种机、联合收割机。

【"身份证明过期22分钟酒店不给入住"】郭先生来杭州出差，住酒店时发现身份证忘记带了，在酒店的要求下郭先生去派出所开了临时身份证明。当他拿着证明回到酒店时，还是不能办理入住。酒店方面表示，这不是故意为难郭先生，因为他开的证明有效期是18日当天，但他是19日凌晨0点22分才进店的。

【"高尔夫"新车没有防尘罩　车主怀疑买到展车】刘女士买了一辆新车，开回家发现了三个问题：防尘罩被撕掉了；前车牌贴过高尔夫字样的名牌，残留着粘胶；电瓶充电部位有磨损。她怀疑自己买到的是一辆展车。

【诊所里面争吵之后　顾客收到"吓人包裹"】前段时间，杭州的钟女士带孩子到嘉里中心的马泷齿科看牙，钟女士说，一位负责接待的工作人员态度不好，她就向总部投诉，后来她收到了一个包裹，里面有花圈和吓唬人的蟑螂。

【"带儿子看齿科后收到花圈"后续：寄出花圈和吓人蟑螂的诊所员工已被行政拘留】据余杭警方通报，嫌疑人张某为杭州一牙科诊所员工，两年来工作表现不错，与顾客发生纠纷被投诉后，气急之下，按顾客登记信息时填写的地址，寄出快递吓唬对方出气。目前，张某已被余杭公安依法行政拘留。

上班路快讯

8:00～8:30（小标题）蓄势待发深呼吸

播放《装修找何力》

【"张文宏称北京疫情非第二波疫情来临"】前不久，张文宏接受媒体采访时表示，"秋冬第二波疫情是肯定的"。那么，此次北京出现的疫情算是"第二波"吗？"这波疫情我们还不能认为是第二波的来临。"张文宏回应，他原来所说的第二波是指世界范围内的第二波，在秋冬季节，但很显然，夏天才刚刚开始，秋冬季节还早。他解释说，所谓的"第二波"一定要形成非常显著的波峰，有一段时间的蔓延再下来。"这次北京出现的疫情应该是一次比较突然的、小范围的暴发，但是暴发力度目前仍在可控范围内。"

【大二学生的父亲节献礼：陪爸爸工地干活体会生活不易】近日，云南玉溪大二学生小杨来到元江县一工地，他要在这里帮父亲干活。小杨说，他因为疫情无法返校，通过工作体会到了生活的不易、父亲的不易，也向爸爸送上父亲节祝福。

【"女儿陪伴七旬渐冻症父亲问诊"：节日最好礼物】6月20日，广东广州74岁郑先生打牌时手臂无力，就医时被确诊为渐冻症。其女儿四处求医。郑女士称，作为女儿在父亲节能陪伴在父亲身边，就是最好的礼物。

【"百事公司北京分厂出现确诊病例"，已停产停业】6月21日，北京。百事公司大中华区集团事务部企宣总监樊志敏介绍，公司监测到一例新发地输入病例后，立即启动应急预案，采取停产停工等措施，对产品及厂区环境取样调查。

【"百事中国声明"：百事可乐工厂未出现确诊病例，全国正常供货】据百事中国微信公号，包括北京百事可乐饮料有限公司在内的、生产百事可乐等饮料产品的全国各百事各灌装厂迄今为止并未发现任何新冠肺炎确诊病例，生产经营一直有序开展，未曾停产停业，百事全系列饮料产品符合国家各项标准，一直依法正常供应。北京市新冠发布会通报发生疫情个案的工厂只是位于北京大兴区磁魏路1号的百事食品一个分厂，其从未生产任何饮料产品。

【"男子在家藏钱掏出来数有11万"】6月18日，湖南益阳。47岁的唐先生将他藏在楼梯扶手中的"私房钱"取出，4人数了近1小时，共计11万元。唐先生称从小就有藏钱的习惯，将开支预算多出的钱藏在楼梯扶手中。这次取出的钱存了3年，要给女儿建房用，"在人家不被发现的时候就随便放一次，放几年就有钱了嘛。我前4年买车也是这样存的。"

【重庆潼南8名小学生在涪江河滩游玩落水，搜救工作正在进行】6月21日下午15时30分左右，潼南区米心镇报告：该镇童家村涪江河坝水域发现有人落水，当地政府立即组织力量进行搜救。初步调查，失踪人员均为居住在附近的米心镇小学生，周末放假自发相约，到童家坝涪江河一宽阔的河滩处玩耍，期间有一名学生不慎失足落水，旁边7名学生前去施救，造成施救学生一并落水

【"父亲两次为白血病女儿捐骨髓"：有他在就没有绝境❤】近日，黑龙江牡丹江95后女孩琪琪两年前患急性白血病，爸爸为她捐两次骨髓。琪琪说爸爸为照顾她，从不会做菜变成"大厨"，向自己传递的都是正能量，有爸爸在就没有绝境。

8:30～9:00（小标题）元气满满向前冲

播放台宣 播放《售房小妹儿最牙尖》

【"阳光保险一支公司被指不履行车祸赔付金"，回应称资金周转困难】近日，浙江吕先生反映称，其岳父梁为民（化名）在2019年的一次交通事故中造成了颅脑损伤并致其精神障碍，经鉴定构成人体损伤十级伤残。在与肇事方刘某协商一致后，由刘某的保险公司——阳光财产保险股份有限公司义乌支公司进行赔付。当事双方于今年

3月23日签订了《人伤一次性赔偿协议书》后，该保险公司一直未能履行赔付事宜。6月19日，阳光财产保险股份有限公司义乌支公司人伤部主管陈浩回应澎湃新闻称，目前公司因为周转困难，没有赔偿的资金，具体何时履行赔付要等上级领导通知。

【"佛陀想让你笑一笑"！"文化站回应石窟佛像表情滑稽"：修缮后原貌没大改变，属于"笑佛"😊】近日，甘肃西和县法镜寺石窟内的几尊佛像引热议，因为佛像表情幽默，面带"微笑"。石堡镇文化站站长汪娟奎称：1998年村民发现佛像头部有损坏，便请匠人做了修缮，原貌没有大的改变，这些属于"笑佛"，笑也是其特征。

【广州2名男童车内身亡，警方：自行进入车内被锁不懂脱困】6月21日，广东广州。警方通报，2名男童自行进入未锁车门的轿车，触碰车内中控门锁按钮导致车门锁死，年龄小不懂脱困，长时间处于高温闷热环境导致死亡，初步排除他杀。

【5人隧道内停车"社会摇"，交警依法传唤并处罚】近日，安徽淮北。一小车停在某新开通的隧道内，车上5人在车前旁若无人地"社会摇"，还将视频传至网络造成不良影响。当地交警关注此事后，依法对涉事人员进行传唤并处罚。

【"特朗普称将出台新的签证限制措施"，确保美国人优先获得工作】美国总统特朗普6月20日表示，他将在未来一两天内宣布一项新的签证限制措施，以阻止某些外国工人入境，保护就业受疫情影响的美国人。特朗普是在接受美国福克斯新闻（Fox News）采访时透露这一消息的，他表示本周日或者下周一就会宣布这项措施。特朗普没有透露这一限制措施的细节，仅强调美国人民将会对这一措施的结果感到满意。

【"临沂市长质问住建局局长"：干不成免你职位，我辞职】6月18日，山东临沂。青龙河连续治理数年成效并不明显、城区仍存在黑臭水问题近日被山东电视台曝光，临沂市长质问住建局局长：干不成免你职位，我辞职。

上面的节目稿案例，首先明确表明了时间段，各个时间段要说哪些新闻点，要设置整体大纲；同时节目的新闻内容选择根据时间不同覆盖了本地大家比较关心的民生新闻，也涵盖了全国的短新闻，新闻内容的选择以及新闻的长短要在编稿时就安排好；编稿时的信息来源一定要准确，信息源尽量来自于国家或央视媒体，并且在编稿时注明内容来源，以避免出现歧义和表述不当的情况；在编稿时可以给每条新闻编排

1～2句精彩的点评话语，在节目中说出。

备稿越精细，节目才越有保障。

第四节 线下活动策划

线上节目是线下行业的展现，线下活动是线上节目的延伸。线上线下结合，才能让听众更加有黏合度。策划一档线下活动并不轻松，首先要满足客户赞助商的需求，策划符合客户定位的活动。如车商客户，可以设置安全行车比赛，车载KTV，街头秘密任务等活动形式，将客户与活动结合起来。

线下活动策划一般需要电台或工作团队共同运行，通过前期节目活动宣传，听众征集，以及活动当天的现场连线等，将活动全程展现给听众。

线下活动分为大型活动和小型活动，一般以节目组为依托的为中小型活动，以轻松操作性强为前提。如：音乐广播，可以策划《主播带你看电影》的活动，本身音乐和电影就是一个完整的融合，通过节目线上征集听众，固定时间和听众一起看电影，观影前可以做游戏互动送出礼品，提高听众的观影氛围。这就是一场轻松且操作性强的线下活动。

第五节 新媒体的融合

现在大部分的广播节目都需要线下活动和新媒体的配合。主持人在遇到题材比较好的节目嘉宾和节目选题时，可以将节目音频进行剪辑，编辑成新媒体推文，在微信公众号中推送，达到节目外的延伸。

节目和新媒体可以有机融合，节目嘉宾可以通过海报露出等方式，推广到朋友圈和新媒体平台，为节目造势。

一、提升数字化、网络化传播方式比重

据统计，截至2018年6月，我国手机网民规模为7.88亿，新增3 509万人，互联网普及率达到98.3%。互联网几乎成为人们日常生活中必不可少的一部分。

这对于广播媒体来说，既是发展的机遇，也是发展的挑战。目前已有的大众媒体大体包括电视、报纸、杂志、广播等，但在互联网中，由于人们终端的改进，在手机、电脑、数字电视中，人们可以收集到文字、视频不同形式的信息，并且这些信息的接受可以不再受时间、空间的限制，让使用者可以随时查阅。

互联网的发展与广播媒体相比，最大的优势就在于提供给使用者的自主权和选择权。以往的听众也逐渐采用网络收听的方式，受众人数中网络听众的比率逐渐提高。

从节目制作者的角度来看，互联网的应有也使竞争逐渐加大。新兴节目的制作者不再需要通过电台审核，而是可以从网络上寻求节目出口，将网络媒介作为节目发布平台，在无形中降低了广播节目的准入门槛。但是，从广播媒体整体来看，互联网和不同程度的制作商的加入，在一定程度上提高了广播媒体的竞争力。目前，制作较为成功的广播网络平台有豆瓣电台、蜻蜓FM等。这些网络电台将传统广播电台的节目迁移过来，以音频的形式随时播放。同时，加入一些网络电台主播，创办具有特色的网络电台，吸引不同年龄段、不同层次的听众，深度挖掘节目，让广播节目的内容更加多样化，提高了广播媒体的竞争优势。

二、开放个人播客形式，节目定制化，接受私人化

个人播客来源于国外的概念，是借助"iPodder"软件与便携播放器的结合，给予听众选择接受权利的一种新型音频节目。

从中，我们可以感受到目前音频节目发展的趋势。广播同样作为一种音频节目，无法脱离这样的发展。在新媒体时代下，信息数量增多，信息渠道丰富，广播已经逐渐失去了过去的垄断地位。互联网利用技术优势，可以高节奏、碎片化地传递信息，即使存在信息繁多复杂的情况，使用者也同样可以利用自己的喜好在其中进行选择。这样的发展要求广播媒体要同样进行改革，同样利用互联网技术记录听众的喜好和习

惯，将听众乐于接受的信息分类，再传送到听众手中，让听众可以减少信息搜索的时间与难度。

接受私人化在一定程度上可以分为两个方面，即终端的个性化和内容的私人化。将广播与互联网相结合，利用网络平台播放，可以满足听众对不同终端使用的需求；已经信息技术记录听众的喜好并进行分类，可以减少听众搜索信息的时间与精力。这样的广播媒体在新媒体时代下，必然更受听众的欢迎与喜好，真正将互联网带来的挑战转化为机遇，占领相应市场。

三、开放节目制作，向平台化和服务型转变

在中国媒体市场化发展的进程中，一个主要的制约因素就是"体制"。过往广播媒体的发展过于死板，采用"自产自销"的运作方式，但这种方式在时代的变革下，只能被淘汰，要想真正发挥广播媒体的优势并进行创新，"制播分离""公司化"成为了不可忽视的道路。

在广播节目逐渐多元化、多样化的今天，广播媒体的发展给了更多人展示的欲望与机会。网络电台的发展、传统电台节目的多样化都使广播媒体不得不吸取多方面的人才以满足听众获取信息以外休闲、娱乐、放松等要求。更多的人渴望到广播媒体中展示自我，释放制作热情。并且，高新技术的发展让广播媒体的进入门槛逐渐减低，这在无形中给了参与者更多的机会。

广播媒体面临转型，在以往发展中，广播媒介既是信息传送者也是节目制作者，导致节目很难创新，不能满足所有听众的喜好与需求。目前来看，越来越多的人愿意根据自我喜好制作相应的音频节目，传递到网络平台或者是广播媒体单位，希望在日后的节目中听到自己的节目，也有许多广播媒体愿意公开自己的平台，收录良好的电台主播与广播节目。例如，蜻蜓FM就有从网络中公开招募电台主播的活动。这类活动的举办有利于广播媒体自身从繁杂的节目制作中抽离，进行简单的筛选，符合广播媒体未来的发展趋势，适应互联网时代下的潮流背景。

这样的转变对于传统的广播媒体还具有一定的难度，但不得不说在未来的技术、信息发展下，将成为一种明智的发展方式。

四、采取节目的"中央厨房"式规模制作与供应方式

在传统的广播媒体发展中，各个广播节目制作者处于分散的状态，没有完整的供应链和统一的行业发展，导致许多资源被浪费或消磨，而且更多的资源、政策、资本等都被电视行业占据，使得广播行业边缘化加剧，甚至到现在已经没有了独立的发展体系，因为产业链的和经营体系的构建从来没有真正地完成过。近年来随着新技术的发展和产业细分、产业精深化的不断加深，广播行业的潜力被许多机构看好，加上市场环境和政策环境进一步改善，传统广播行业也随之走到了产业化和转型的十字路口。因此如何加深自身与新媒体的结合、加强自身优质特性的巩固、挖掘更深的自我价值、更好地进行产业化和市场化的改革就成了广播行业发展的重要选择。

通过更好地经营现有节目和时段来提升自身的节目竞争力成为目前许多广播制作和播出单位的重要竞争手段之一，并且制作成本本身就是广播行业最大的竞争优势之一，第一点就可以将不同地域的群众进行更加精细的细分，发挥自己的地域性和伴随性的优点，更加精准地贴近听众，从而增强自己的竞争力。而且精细的制作细分、直观的表现形式也为树立良好的品牌意识、引入外部资金打下一个良好的基础。与此同时还可以利用这个优势更好地发掘听众，逐步提升收听的人群数量。

另外广播行业还需要与新技术和新媒体更加深入的结合。要从节目形式、经营理念、运作方式等多个方面进行借鉴，并且充分利用自身优势使得这些新兴优势在自身行业得到充分表现。在此期间，规模化已经成为现有广播从业者的共识，电台与网络相结合，各地方电台之间充分合作等已经成为常态。

"中央厨房"式的节目制作和供应模式，这不仅使得节目制作公司和电台极大地节约了成本，还将节目更加适用于各种不同的受众人群，因此这种方式将会成为未来广播行业主要的节目制作方法。所谓的中央厨房方式就是将节目分块制作，并且不同的广播电台根据不同的受众人群进行组合拼接出不同风格不同时长的电台节目进行播放。因此可以节约大量成本并且更加贴近收听人群。因为以前广播节目受到电波频率

和地域文化的影响，节目往往具有很大的地域性，规模化生产也就因此变成了地区内小规模生产。但是随着网络技术的不断发展与创新，节目的传输已经不再受之前的限制。随着人口流动的日益频繁，各个地区受众的收听内容空间也不断增大。因此电台与新技术新媒体的结合的必要性也日益加深。

编 后 记

在我们播音主持教研室几位老师授课之余的努力工作下,《播音员主持人综合技能实训教程——广播播音主持》终于问世了。这之中,既有积极的探索,又有耕作的疲惫,也有收获的快乐。

《播音员主持人综合技能实训教程——广播播音主持》,是在《广播播音与主持艺术》理论教材的基础上编撰的专业训练教材。它重点编写了广播播音与主持每一单元内容的训练内容、要点、方法,其中既有分析、点评,也有要求、训练材料,可以获得专业学习的全面印象和知识。

在此,我们首先要真诚感谢给予我们大力帮助的现在正活跃在播音主持一线的我们昔日的同窗、学生,今日的同行、主播们!是他们不辞辛苦,充满热情地为我们提供了大量好稿件,转录了许多相关录像,才使我们的工作变得顺利一些,我们希望在今后的工作中继续得到同行们的大力支持,并致以深深的谢意。

同时,我们对书中所引用的所有稿件的作者,广播电视台的记者、编辑等有关人员表示最真诚的感谢,正因为有了你们的大力支持和帮助,我们的教学工作才能得以正常、有效地进行,使得我们能够为广播电视事业培养出一批又一批新生力量、优秀人才。在此,再次请各位接受我们深深的谢意!

编 者

2020年2月15日